Stéphane LE PINIEC

Rêveries

Stéphane LE PINIEC

Rêveries

Rêves et Érotisme

Éditions Muse

Cover image: www.ingimage.com

Publisher:
Éditions Muse
is a trademark of
Dodo Books Indian Ocean Ltd. and OmniScriptum S.R.L publishing group

120 High Road, East Finchley, London, N2 9ED, United Kingdom
Str. Armeneasca 28/1, office 1, Chisinau MD-2012, Republic of Moldova, Europe
Printed at: see last page
ISBN: 978-620-4-97314-2

Rêveries
de
Stéphane
LE PINIEC

On a tous au moins milles rêves dans la vie, on a tous au moins deux fesses pour s'asseoir, quand celle-ci devient un objet de désirs, de plaisirs, il suffit d'y ajouter un pénis, un vagin et une paire de seins pour se combler dans la puissance des réjouissants du délire de l'amour. Oui j'ai éprouver du plaisir en enfoncent mon pénis dans la chatte de mon épouse, dans l'anus de mon meilleur ami. Oui je me suis délecté du jus de spermatozoïdes qui coulait en abondance du pénis que j'ai sucé avec plaisirs. J'ai sucer une nombre incalculable de poitrines que j'ai tossé avec jouissance.

Auteur ;
A partir du 21 Décembre 2014 et jusque le 9 Janvier 2017 je vends :
130 000 exemplaires de chacun de mes livres chaque mois pendant trois mois x 165,573 €uros = 64 573 470,00 €uros
580 000 exemplaires de chacun de mes livres chaque mois pendant trois mois x 165,573 €uros = 288 097 020,00 €uros
3 150 000 exemplaires de chacun de mes livres chaque mois pendant six mois x 165,573 €uros = 3 129 329 700,00 €uros
7 380 000 exemplaires de chacun de mes livres chaque mois pendant douze mois x 165,573 €uros = 14 663 144 880,00 €uros soit un total en deux ans de 18 145 145 070,00 €uros moins 2,5 % de taxes soit un total de = 17 691 516 443,30 €uros moins 67 % d'impôts soit un revenu net de = 5 838 200 426,30 €uros.
Achat d'une villa à Vandoeuvre les Nancy de 485 mêtres carré habitable avec dix neuf pièces et neuf chambres et une piscine d'intérieur et une vaste caves voûtès. Un terrain de 3 224 mètres carrés. J'y emploi neufs personnes dont deux chauffeurs et trois gardes du corps.

A trois heures quinze du matin, le 10 Janvier 2017, alors que me proméne avec mon chien dans le parc Richard POUILLE, à Vandoeuvre les Nancy, Meurthe-et-Moselle, France, je suis percuté par une météorite qui se dissous totalement en moi et me donne les pouvoirs de ;

- Régénération instantanée de mes cellules, de mes atomes.
- Mes dents ont repoussés et mes ongles on arrêtés leur croissance à cinq millimètres au bords des doigts et en pointes, des ongles indestructibles et particulièrement tranchants.
- Mes cheveux ne poussent plus, ils sont indestructibles et ont arrêtés leur poussent à cinq centimètres.
- J'ai une vue qui me permets de voir des détails de un millimètres sur la surface des astéroïdes dans la ceinture entre Mars et Jupiter.
- Invulnérabilité, totalement indestructible.
- Me rendre invisible et me dématérialisé et touts avec moi, des objets mentalement sélectionnés sur un rayon de 400 mètres.
- Me téléporté sur une distance de 960 000 seiziards de kilomètres avec touts autour de moi, des objets mentalement sélectionnés dans un rayon de 900 000 kilomètres.
- Je suis capable de faire muté les atomes de ce que je veux en se que je veux d'autre, des choses mentalement sélectionnés dans un rayon de 98 000 trilliards de kilomètres.
- Je suis capable de transformé n'importe quoi en n'importe quoi d'autre. De l'eau en bon vin, une

pierre en poisson ou en pain, une roche en tortue, un désert aride en oasis, une vaste étendue de sable en lac plein de poissons et de plantes.

- Je suis capable de dupliqué n'importe quoi, des objets mentalement sélectionnés dans un rayon de 98 000 trilliards de kilomètres.
- Je suis capable de générer un champ de force dans un rayon de 150 000 trilliards de kilomètres.
- Je suis capable de me déplacer dans les airs et dans l'espace à la vitesse de 960 000 trilliards de kilomètres à la seconde.
- Je suis capable de respirer dans l'eau et entre les atomes.
- Je suis doté de l'immortalité, de l'Invulnérabilité, de l'insensibilité aux drogues, aux poisons, aux virus, aux microbes, aux bactéries et aux maladies.
- Immunisation contre la vieillesse et la dégénéréscence cellulaire de mon corps physique.
- Je suis capable d'agir sur la météorologie, sur les cyclones, les ouragans, les séismes, les tsunamis.
- Je suis capable d'agir sur la pouce des végétaux.
- Je suis capable de polymorphisme, de me transformé en n'importe quoi, de vivant ou de mort, de mobile ou de fixe, de mécanique ou de végétale, en métal ou en organique.
- Je suis capable d'ubiquité.
- Je suis capable de prémonition.
- Je suis capable d'ouvrir un Vortex temporelle.
- Je suis capable de guérir toutes sorte de maladies, de ressuscité les morts même incinéré depuis plusieurs années.
- Je suis doté de la télékinésie.

- Je suis doté de la pyrokinésie.
- Je suis doté de la cryokinésie.
- Je suis doté de magnétisme.
- Je suis capable de voir au travers de n'importe quoi, de produire des rayons avec mes yeux.
- Je suis capable de produire des ultra-sons.
- Je suis capable de produire des micro-ondes.
- Je suis capable de crée un champ électromagnétique dans un rayon de 900 000 kilomètres.
- Je suis capable de faire apparaître une paire d'ailes indestructible d'une envergure de 24 mètres avec des bords tranchants comme une lame de rasoir.
- J'ai la force de cent milles diplodocus.
- Je suis capable de faire sortir une lame indestructible de 55 centimètres de long sur 5 centimètres de large dans sa plus grande largeur.
- Je suis capable de prendre le contrôle sur le mental de 50 trilliards d'être vivant en même temps.
- J'ai trois rétines dans chaque œil, c'est la seule chose d'apparent chez moi.
- Je suis capable de remonté à la source d'une onde, d'un appel téléphonique et de m'y téléporté instantanément en arrivant invisible et dématérialisé. Je puis ainsi intervenir sur un kidnapping et une prise d'otage.
- Je suis capable de matérialisé un mur de glace de plusieurs mètres d'épaisseur n'importe où.
- Je suis capable d'absorbé l'énergie d'une explosion nucléaire de 120 Milliards de tératonnes.
- Je suis capable d'augmenter ma taille jusqu'à atteindre une dimension de 45 800 kilomètres de

hauteur et réduire ma taille pour devenir un milliards de fois plus petit qu'un atome.

- Je suis capable de me faire comprendre par n'importe qu'elle animaux et de discuter avec eux.
- Je suis capable de ne jamais me reposé, de travaillé en continue pendant plus de huit cents ans sans aucune pose.
- Je suis capable en survolant un incendie avec mes ailes tendue, en me jettant sur le sol d'éteindre l'incendie sur un rayon des 800 kilomètres.
- En crée un champ de force autour d'un volume de contenir une explosion.

De mille en milles

Un, mille, millions, milliards, billions, billiards, trillions, trilliards, quinllions, quinlliards, cinquillions, cinquilliards, sixions, sixiards, septions, septiards, huitions, huitiards, neuvions, neuviards, dixions, dixiards, onzions, onziards, douzions, douziards, treizions, treiziards, quatorzions, quatorziards, quinzions, quinziards, seizions, seiziards, dixeptions, dixeptiards, dixuitions, dixuitiards, dixneuvions, dixneuviards, vingtions, vingtiards.

Création êtres humains synthètique, d'êtres vivants artificiels. Création de biodroides, d'être vivant à moitié électronique. Création d'endroides à grand échelle.

Création d'une station, (Hesterale), avec quatre coupôles en croix d'un diamètre de 980 milliards de kilomètres. Les coupôles sont reliés par le milieu comme un parapluie avec des baleines de 700 Milliards de kilomètres et un axe de 800 milliards de kilomètres de long à 300 millions de kilomètres de la coupôle vers une sphère de 40 milliards de kilomètres de diamètre. L'ensemble des coupôles ont une surface totale de 3 800 000 milliards de kilomètres carrés soit 4 988 610 088 fois la surface de la terre pour les quatre coupôles. Elles tournent autour de la sphère qui à l'intérieur dispose d'une surface de 1 400 milliards de kilomètres carrés. Les coupôles sont reliés à la sphère par un système d'axe comme un parapluie. Au bout de l'axe, ou se rassemble les vingt-quatre baleines, il y a comme une boule qui envoie vers les coupôles une énergie et de la lumière comme le soleil. Les coupôles ont une épaisseur de quinze milles kilomètres avec de la terre et une coque en Damantium avec à la surface extérieure un revêtement sur lequel circule un flux de Kalion. L'ensemble tourne sur lui même à la vitesse d'un tour sur lui même en vingt-quatre heures. Chacune des quatre coupôles est à une saison différente, les bords de coupôles sont complètement gelées sur une épaisseur de sept cents kilomètres. Le centre des coupôles ont un désert aride ou il ne pleut jamais, les océans et les divers continents se situent entre les déserts et les glaces. L'ensemble est en orbite dans la galaxie à quarante cinq millions d'années lumière Klyngon du Soleil.

Autour d'Hesterale il y a quatre cent mille stations, des roues de 900 millions de kilomètres de rayon et neufs cent milles kilomètres de côtés, soit une surface de 5 116 380 012 000 000 kilomètres fois quatre cent milles égale à 2 046 552 004 800 000 Milliards de kilomètres en surface habitable. Les stations s'appels des Skélisium de 000 001 à 400 000 et possèdent chacune une puissante armée de 400 trilliards de biodroïdes de

combat, chacun pouvant matérialisé 80 000 types de vaisseaux de combat en fonction de leur besoin. Les biodroïdes ont une taille modulable entre 30 centimètres et 900 mètres. Ils ont la force de cent cinquante mille Hulks et la vitesse de la lumière en rapidité.
Les stations Skélisium sont capables d'ouvrir un Vortex qui leur permet de changer d'époque et de position dans l'espaces dimensionnelle et de lieu dans l'univers. Lorsque huit stations se réunissent elles peuvent embarquée avec elles toutes un système solaire et 960 stations réunis peuvent embarquée un trou noir avec elles. Autour de chacune des Stations Skélisium il y quatre cent stations en forme de cônes en forme d'un corps de pieuvre de 900 kilomètres de long avec aux bout huit doubles roues de chacune douze mille kilomètres de rayons. Les roues tournent autour d'un axe de quatre cent kilomètres de diamètre et qui peut s'étendre sur une distance de quarante millions de kilomètres et bougé comme des tentacules, les stations ont la forme d'un poulpe.
Création de Stations poulpe, les poulbëums d'un côté de 300 000 kilomètres avec un cône de 90 000 kilomètres de long et d'un diamètre de 30 000 kilomètres, des tentacules de 900 000 kilomètres de long avec au bout chacun, deux roues de 400 000 kilomètres de diamètre et 12 000 kilomètres d'épaisseur pour une surface total de 15 079 644 480 fois 12 égale 180 955 733 760 kilomètres carré. Il y a deux cents mille poulbëums par Skélisium soit quatre-vingt milliards de Stations au total. J'ai construit tout cela entre le 1er Avril 2021 et le 31 Décembre 2022, en six cents quarante jours avec neufs trilliards de mes ubiquité (9 000 000 000 000 000 000 000). Pour un total de 80 000 400 001 Stations.

Toujours avec mes ubiquités je matérialise 3 200 000 000 000 000 vaisseaux circulaires d'un diamètre de 900 mètres avec 1 800 cabines sur neuf niveaux et quarante huit mètres de hauteur soit quinze ponts. D'une circonférence de 2 827 mètres, les cabines mesures onze mètres sur seize mètres soit 176 mètres carrés. Dans chacune des cinq cabines il y a deux Humanoïdes de synthèses les HDS, soit quatorze mille quatre cent par vaisseau . Au sommet il y a une tourelle de onze mètres de haut sur un diamètre de trente mètres. C'est la que se trouve le poste de commandement. Les Skalings, c'est le nom des vaisseaux, sont des engins de combat doté de cinq cent plakongire, des armes d'une très grande puissance doté chacun d'un kilotron. Les HDS sont semblables aux Chérubéennes capables de porté des centaines de tonnes et courir à la vitesse de la lumière, de se déplacer dans les airs. Ils ne respire pas et se nourrissent de l'énergie ambiante. Elles mesurent deux mètres quarante en taille et disposent de grandes ailes. Ils peuvent matérialisé toutes sortes d'engins, de vaisseau et d'armure autour d'eux, jusqu'à 800 000 objets différents sur un rayon de 300 mètres.

La Terre est un mystère, dans l'eau et l'atmosphère, la vie y est prospère, dans la moindre rivière. Pendant bien des années, des êtres vivants sont nés, dans les bois, les vallées, bien des gens sont passés. Un jour dans l'Oregon, un vol de pigeons, passant comme des avions, partant vers l'horizon. Le soir de la dernière moisson, paysans et vignerons, chantent touts à l'unissons, partagent la même boisson. Volant au dessus des vallées, de neige les nuages sont chargés, en tombant ils vont colorés, en blanc tout immaculée. La nuit passe plus vite en été, l'hiver on fait de longues veillées, au printemps des fleurs ont poussé, en automne les feuilles sont tombées. Les savants du monde entier, permettent aux mondes d'évolué, A chaque très grandes avancée, c'est toute une population que l'on voit progressé. Les idéologies, les sermonts sacré, les religions sur les monts élevés, on purifier des cœurs condamnés, à souffrir le martyrs durant l'éternité. La violence des nations, au nom.d'une religion, ne sont pas à cours de munition, la mort est parfois une sage décision. L'amour, la foie, la passion, apporte son lot de compassion, à ceux qui beignent dans l'espérance, que Dieu accorde sa généreuse indulgence. Nul n'a besoin de prendre toujours sur soit, pour excuser cent fois mille fois, celui où celle qui joue au con sans arrêt, parce qu'il a un Dieu pour touts lui pardonner. Si même toute la Terre, ressemble a un désert, qu'elle ressemble aux enfers ou règne Lucifer, j'irais avec mon baluchon, habitez une maison, je ferais quand même la moisson pour nourrir les Nations. Vole, vole loisillion, qui fait son nid dans les buissons, naîtra de petits oiseaux, ou de très jeunes corbeaux.

Création des Chérubennes, des êtres féminins synthétique bleue ciel. Elles sont capables de :

- Régénération instantanée de mes cellules, de mes atomes.
- Invulnérabilité, totalement indestructible.
- Se rendre invisible et se dématérialisé et touts avec elles, des objets mentalement sélectionnés sur un rayon de 100 mètres.
- Se téléporté sur une distance de 48 seiziards de kilomètres avec touts autour d'elles, des objets mentalement sélectionnés dans un rayon de 900

mètres.

- Elles sont capable de faire muté les atomes de ce qu'Elles veulent en se qu'elles veulent des choses mentalement sélectionnés dans un rayon de 90 trilliards de kilomètres.
- Elles sont capable de transformé n'importe quoi en n'importe quoi d'autre. De l'eau en bon vin, une pierre en poisson ou en pain, une roche en tortue, un désert aride en oasis, une vaste étendue de sable en lac plein de poissons et de plantes.
- Elles sont capable de dupliqué n'importe quoi, des objets mentalement sélectionnés dans un rayon de 90 trilliards de kilomètres.
- Elles sont capable de générer un champ de force dans un rayon de 150 000 trilliards de kilomètres.
- Elles sont capables de se déplacer dans les airs et dans l'espace à la vitesse de 9 600 milliards de kilomètres à la seconde.
- Elles sont capable de respirer dans l'eau et entre les atomes.
- Elles sont doté de l'immortalité, de l'Invulnérabilité, de l'insensibilité aux drogues, aux poisons, aux virus, aux microbes, aux bactéries et aux maladies.
- Immunisation contre la vieillesse et la dégénéréscence cellulaire de mon corps physique.
- Elles sont capable d'agir sur la météorologie, sur les cyclones, les ouragans, les séismes, les tsunamis.
- Elles sont capable d'agir sur la pouce des végétaux.
- Elles sont capable de polymorphisme, de se

transformé en n'importe quoi, de vivant ou de mort, de mobile ou de fixe, de mécanique ou de végétale, en métal ou en organique.

- Elles sont capable d'ubiquité.
- Elles sont capable de prémonition.
- Elles sont capable d'ouvrir un Vortex temporelle.
- Elles sont capable de guérir toutes sorte de maladies, de ressuscité les morts même incinéré depuis plusieurs années.
- Elles sont doté de la télékinésie.
- Elles sont doté de la pyrokinésie.
- Elles sont doté de la cryokinésie.
- Elles sont doté de magnétisme.
- Elles sont capable de voir au travers de n'importe quoi, de produire des rayons avec mes yeux.
- Elles sont capable de produire des ultra-sons.
- Elles sont capable de produire des micro-ondes.
- Elles sont capable de crée un champ électromagnétique dans un rayon de 900 kilomètres.
- Elles sont capable de faire apparaître une paire d'ailes indestructible d'une envergure de 24 mètres avec des bords tranchants comme une lame de rasoir.
- Elles ont la force de milles diplodocus.
- Elles sont capable de faire sortir une lame indestructible de 55 centimètres de long sur 5 centimètres de large dans sa plus grande largeur.
- Elles sont capable de prendre le contrôle sur le mental de 50 billiards d'être vivant en même temps.
- Elles ont trois rétines dans chaque œil, c'est la

seule chose d'apparent chez moi.

Effet Kaller :

C'est un flux de kallions positif et négatif sur une surface telle que le damantium, le bronxite de Sélénium ou un champ de force. Le flux peut allé dans touts les sens. Quand les flux positifs et négatifs se rencontrent cela crée une propulsion qui peut allé jusqu'à 900 seiziards de kilomètres à la seconde.

Je met trois semaines à apprivoisé mes nouveaux pouvoirs. Je matérialise le 3 Février 2017 850 Tonnes d'or à 47 000 €uros du kilogrammes ainsi que 3 120 kilogrammes de diamant bleue à 2 950 000 €uros du carat. Soit un total de : 46 059 950 000 000 €uros divisé par quatre soit un gain total de : 11 514 987 500 000 €uros.
Achat le 14 Février 2027 pour deux milliards d'euros d'un ranch de onze millions d'hectares en Australie. Je transforme une partie du sous sol en or, en diamant bleue et en diamant rouge. Chaque année on récolte pour 3 998 643 milliards d'€uros de ces divers minerais. Les charges et les taxes s'élèves à 75 % soit (2 998 982,25 Milliards d'euros) = 999 660,75 Milliards d'euros et les impôts à 67 % (669 772,702 5 Milliards d'€uros) se qui fait un solde de 329 888,047 5 Milliards d'euros par ans, 903 184 250 513,00 €uros par jours. 10 453 521,41 €uros par seconde (37 632 677 104,70 €uros de l'heure).
Entre le 1er Mars 2018 et le 31 Décembre 2020 j'achète 1 800 000 logements et d'appartements en France ainsi que 400 châteaux, 40 000 hôtels, 450 000 restaurants et 80 000 supermarchés et 7 000 hypermarchés pour un revenu mensuel de 5 105 720 000,00 €uros, soit 1 941,48 €uros par seconde soit un total de 10 453 521,41

€ + 1 941,48 € = 10 455 462,89 €uros par seconde. J'emploi plus de trois millions de personnes, soit en direct, soit par interim et presque dix millions d'emplois indirects.
Sous ma résidence, par moins 4 800 mètres de profondeur au plus haut niveau et moins 7 200 mètres au plus bas, sur un rayon de 2 380 000 mètres à partir du point juste au dessous de la résidence. J'y ais construit une énorme cavité avec des parroies en Damantium et en plancher en terre et un éclairage-chaleur fournie par des néons solaires. J'y est construit deux stades de football, quatre zénith et huit palais des congrès et quatre vastes salles des fêtes et autant de salles d'expositions. J'y aïs également construit trois palais des sports avec des terrains de tennis, de rugby et de golf. Il y quatre-vingt-dix restaurants et quatre hôtels. L'ensemble est traversée par huit fleuves et quarante trois rivières. Nous disposons de quatre-vingt dix-huit sous-marins nucléaires de 490 mètres de long avec 32 ponts, d'une capacité de 2 800 passâgés et 1 400 membres d'équipages. Ainsi que de quinze sous-marins de 972 mètres de long. D'une capacité de 7 800 passâgés et 3 200 membres d'équipages. On remonte à la surface par une douzaine d'accès répartis sur l'Europe.

Un NanoTron = Capable de produire l'équivalent d'une centrale thermonucléaire pour un volume de Un cm x un cm x un cm.
Un KiloTRon = Capable de produire l'énergie de 1024 NanonTrons dans un volume de 10 cm x 10 cm x 10 cm.
Un MégaTron = Capable de produire l'énergie de 1024 KiloTrons dans un volume de 1 mètre x 1 mètre x 1 mètre.

Un GigaTron = Capable de produire l'énergie de 1024 MégaTrons dans un volume de 15 mètres x 15 mètres x 15 mètres.
Un TrillionTron = Capable de produire l'énergie de 1024 GigaTrons pour un volume de 200 mètres x 200 mètres x 200 mètres.
Un TriardTron = Capable de produire l'énergie de 1024 TrillionTrons pour un volume de 400 mètres x 400 mètres x 400 mètres.
Un KillionTron = Capable de produire l'énergie de 1024 TriardTrons pour un volume de 900 mètres x 900 mètres x 900 mètres.
Un KilliardTron = Capable de produire l'énergie de 1024 KillionTrons pour un volume de 2 000 mètres x 2 000 mètres x 2 000 mètres soit plus d'un million de milliards de centrales thermonucléaire.

Temps Klyngon
Une Sekklyng SK = une seconde
Une Mikklyng MK = 100 Sekklyng
Une Hakklyng HK = 100 Mikklyng
Un Juklyng JK = 40 Hakklyng
Une Semjklyng SM = 10 Juklyng
Un Moikklyng NK = 10 Semjklyng
Une Annkklyng AK = 15 Moikklyng
Une journée (Juklyng) = 4,629 296 journées terrestre.
Une année (Annkklyng) = 19,012 852 journées terrestre
La vitesse de la lumière est de 299 792,458 kilomètres à la seconde soit : 3 455 531 805,110 kilomètres par années terrestre. En temps Klyngon la lumière parcours : 65 699 514 791,80 kilomètres par année.
Le 5 Mars 2020 alors que je me rendez à la Mairie de Vandoeuvre les Nancy, mon attention est attiré par des

cris de personnes au douzième étage d'un immeuble. Un mots plus haut qu'un autre et je vois nettement l'homme jeté la femme dans le vide. Avec mes pouvoirs de télékinésie je freinne la chute de la femme jusqu'au sol et je matérialise une bobine de cordes près du conjoint que je ficelle solidement, des pieds à la tête avec ma télékinésie, tout ceci à une distance de 400 mètres. La femme et interrogé par la police nationale alors que sont compagnon, avec qui elle se disputé est placée en garde à vue.

Plus loin je longe le trottoir et je vois deux voitures stationnées sur des places pour handicapés alors qu'elles n'y sont pas autorisés. Avec mes pouvoirs de télékinésie je les desosses totalement de sorte qu'il n'y a plus un boulon l'un dans l'autre.

Je me moque de ce que l'on peut dire sur moi, j'ai les pouvoirs de faire de gros dégâts, si on veut de moi une amitié, mieux vaut ne pas me chercher. Le 31 Mars 2020, alors que je suis en entretien avec ma banquiére, deux hommes masqué font irruption dans l'agence. Aussitôt avec mes pouvoirs je transforme leurs armes en jouets, je fais apparaître un pellotte d'épaisse cordes avec l'aquel je saucissonne les deux intrus, touts ceci par télékinésie, sans bouger de ma chaise.

Tu frivole mon petit malfrats, tu trafics autour de toi, de la drogue et de l'argent, payé parfois au prix du sang. De ta lente descente dans la délinquance, tu ne prends jamais de vacances, tu gagne plus que tu ne dépenses, aussi tu fais preuve de bienfaisance. Tu as quitté ta famille, trahi presque tout tes amis, tes aventures ne durant qu'une nuit, tu veux du sexe mais pas d'une amie.

Le nuit se lève sur un peuple bientôt endormi, le froid, la

pluie sur les sans logis, chacun cherche à se mettre à l'abri, juste pour un simple nuit. Les Bouches d'aération des bouche du métro, envoie de l'air qui nous tient chaud. A faire l'escroc, le petit mafioso, tu finira bientôt, au fond du caniveau.
La terre bouge, mais ne le sent pas, la terre tourne, mais on ne le voit pas. Dans la grandeur majestueuse et infini de l'univers, la terre se déplace, ne se retrouve jamais à la même place. Les bras tendu vers un peuple de déporté, que j'accueil à cause d'un pays qu'ils fuyaient. Dans la vie tu sers les dents, que tu soit adulte ou un enfant, quand tu ne rentres pas dans les rangs, tu seras toujours dernier ou perdant. Être un immortel et avoir le temps, des pouvoirs et beaucoup d'argent. Pouvoirs maîtrisé l'eau océans, en faire des tempêtes, des ouragans. Pouvoirs s'affranchir de d'un corps charnelle, aller et venir comme une hirondelle, se transformer en énergie, qui se régénéré à l'infini.
Construire un pont entre hier et aujourd'hui, franchir sans obstacles et avec véhémence les couloirs, les divers possibilités qu'est conçu l'histoire. Comme deux espaces qui s'opposent, faire en sorte qu'ils se composent. La mémoire du temps passé, n'arrête pas de se changé. A mesure que l'on croix changer l'histoire, on ne modifie que son reflet comme dans un miroir. C'est comme-ci en changeant de dimension, on ne fait que déplacer un pion. Changer le passé ne sert à rien, on ne fait que crée un nouveau chemin. Les nuages blancs, très blancs, remontent des océans, ils apportent l'eau aux rivières, nous cachant un peu la lumière. Comme la complainte du vents, dès le Soleil levant, s'accrochent au paysage, comme la brume sur son passage.
A bord de la Station Hestérale de temps s'écoule en

Klyngon, de la pousse des plante à la croissance des êtres vivants, touts croissent en temps Klyngon. La température est basé sur les mêmes normes que sur la terre mais l'eau boue à deux cent dix degrés, il faut en moyenne six mois Klyngon pour qu'un humain de la terre s'adapte aux conditions extraterrestres de Hestérale. Pendant leur temps d'adaptation, les humains de la Terre sont placés dans des bases ou leur organisme est doucement habitué aux conditions de vie sur Hestérale. Une exposition directe, sans reconditionnement aux conditions de vie provoque des hémorragies interne, une liquefaction des os et un durcissement des muscles. Les premiers symptômes apparaissent au bout de 47 minutes et la mort intervient en dix huit minutes, des minutes qui peuvent prendre des heures dans la conscience de la victime. Avec mes pouvoirs je peux rendre la vie c'est pour cela qu'il y a toujours sept de mes ubiquité dans chacune des coupôles de la station. Ils habitent dans de somptueux châteaux avec des centaines de pièces, une piscine intérieure, une salle de sport avec un terrain de tennis et une patinoire. Le 1er Avril 2021 il y avait huit millions de familles adaptées sur Hestérale A et dix sept millions de familles en cours d'adaptation. Sur Hestérale B il y a quarante neufs millions de familles adaptées et trois cents quatre vingt dix millions de familles en cours d'adaptation. Sur Hestérale C et Hestérale D il y a juste deux fois sept de mes ubiquités, Sept ubiquités par coupôle. Chaque jours qui passe sur Hestérale recule la possibilité des nouveaux arrivants de voir l'espoirs de retourner sur la terre. Les naissances sont une fois et demie plus fréquentes que sur la terre pourtant, une grossesse dure sept mois Klyngon soit quinze virgule quarante trois fois

plus longtemps que sur la terre. L'espèrence de vie y est de deux cents quarante années Klyngon soit quatre mille cinq cent soixante trois années terrestre.
Le 3 Octobre 2019 j'ai lancé la construction d'un pont avec des marches qui correspond chacune à une date différente. Le pont se prends par le côté, l'un va faire le futur et l'autre vers le passé. Le chemin qui mène au pont et le pont lui même, se trouve dans une pièce, au centre d'une montagne dans le massif de l'Himalayà. La pièce est cylindrique avec un diamètre de onze kilomètres pour une profondeur de mille sept cent mètres. Les deux parties du ponts forme comme un T avec le chemin d'accès au milieu, à gauche le pont part en colimaçon vers le passé est descends vers un énorme Vortex perpétuelle qui couvre tout le fond de la pièce. A droite c'est la même chose mais le ponts s'enfonce vers le Futur. Le diamètre du colimaçon mesure quatre kilomètres pour le plus petit écartement et huit kilomètres pour le plus grand écartement. Le pont est en roches translucide plus léger que le plastique. Suspendu dans les aires part des tiges touts les six mètres. Pour changé d'époque il faut s'équipé d'un bracelet noir de huit centimètres de long, da salle de préparation le bracelet est programmé pour une époque bien précise et qui peut ramené un être vivant ou un objet dans un rayon de onze mètres. Quand on prend le pont le bracelet s'active dès que l'on est sur le bon échelon. Si on chute du ponts dans le Vortex le bracelet renvoie son possesseurs à l'emplacement exact ou il se trouvé avec de tombé, à la même époque. Le temps de présence dans un autre espace temporelle varie entre six heures et 960 teheures terrestre soit quarante jours. Chacune des dalles du pont mesure quarante huit centimètres par

quatre vingt quinze centimètres. Dans les voyages vers Le futur avant toutes choses ce sont l'actualité pour avoir les numéros gagnants aux divers jeux et paries, ainsi que les événements à venir mais aussi et avant toutes choses, acquérir de nouvelles connaissances spécifique au nouvelles technologies. Parmi ces nouvelles technologies il y a les plans de l'antigravités, de la gravité artificielle, et de l'hyperpropultion Vitesse Infra Nano Moléculaire Atomique « VINMA ». Avec un rayon de onze mètres autour de soit on a put rapporté du futur pas mal de choses. Sachant que l'on peut expédié quatre cent voyageurs en même temps, c'est plusieurs escadrilles de chasseurs intercepteurs galactique que l'on a fait venir du Futur. On ne change pas le futur en agissant de la sorte, on prend juste une autre branche dans le nombre infini des univers parallèles.
D'une pensée à une autre, comme l'on crus les apôtres, qu'il y a un Dieu vivant, qui se relaxe sur son divans, régissent le monde, qu'il n'y ait aucune seconde, qui échappe à son attention, Dieu le père des nations. En devenant un Dieu, je ne me considère pas au dessus du grand créateur, je suis un simple Dieu, juste un envoyé, un ambassadeur.
Dans la cours, on fait l'amour, on aime les gens, de temps en temps, si par mégarde dans le lointain, le feu de l'amour il s'éteint, on ne regrettera rien, la vie c'est des pas incertains.

A Huit cent vingtiards d'années lumières Klyngon du système solaire, j'y est construit une Station constitué de huit grands panneaux carrés de 900 trilliards de kilomètres de côté et d'une épaisseur de 40 millions de kilomètres. Relié les une aux autres par chacun quarante tube de 90 000 kilomètres de diamètre et de 1 350 trilliards de kilomètres de long, en cercle autour d'un astre de 125 341 560 000 Milliards de kilomètres de rayon. Soit 180 000 000 milliards de fois le diamètre de l'Astre Solaire. Bien que plus gros qu'un troue noir, la densité est sa force d'attraction n'est que 120 millions de fois celle du soleil. La circonférence totale de l'anneau Stéfia qui est composé de huit panneaux Stéfins est de 18 000 Trilliards de kilomètres soit un diamètre de 5 729 578 049 040 000 milliards de kilomètres. L'anneau est 22 850 fois plus large que l'astre du centre. La course de la terre autour du Soleil est 215 fois plus large que le diamètre avec le Soleil. Soit 106,279 fois moins large que celui de Stéfia est les Stéfins.
Quels sont les bienfaits du soleil pour l’organisme ?
Le soleil est un astre essentiel et indispensable pour toute vie sur Terre. Malgré les méfaits connus, notamment le vieillissement cutané, les brûlures ou encore les cancers de la peau, les rayons du soleil possèdent également des bienfaits. Pour pouvoir en profiter pleinement, il est essentiel de connaître les risques et de s’exposer de façon maîtrisée. On vous explique tout !

Les bienfaits du soleil : ce qu’il faut savoir
On entend surtout parler des inconvénients du soleil sur la peau et ses conséquences parfois dramatiques sur la santé. Il est néanmoins intéressant de connaître les

quelques bienfaits du soleil qui rappellent à quel point le soleil est indispensable pour le corps humain.

Les différents types de rayons du soleil

Le soleil émet différents types de rayons. Certains n'atteignent pas la Terre mais d'autres nous touchent ce qui peut être dangereux pour l'Homme :

- UVC, rayons gamma, rayons X et rayons cosmiques : ces rayons émis par le soleil sont de courte portée et sont donc stoppés par la couche d'ozone notamment. Si ces rayons atteignaient la surface de la Terre, aucune vie ne serait possible
- UVB : ces rayons sont dits de moyenne portée, ce qui signifie qu'ils atteignent la Terre et atteignent notre peau. Néanmoins, les rayonnements ne pénètrent pas profondément dans les couches de la peau et ils sont donc à l'origine des coups de soleil mais aussi de la synthétisation de la vitamine D
- UVA : les rayons UVA sont quant à eux des rayons de longue portée. Ils atteignent bien évidemment la Terre et pénètrent profondément dans les couches de la peau. Ils sont donc à l'origine du photo-vieillissement à cause de la destruction du collagène et de l'élastine et peuvent créer sur le long terme des maladies de peau graves telles que des mélanomes
- infrarouges : ce type de rayonnement est responsable de la chaleur ressentie

Quelques précautions à prendre pour en profiter pleinement

Si vous souhaitez profiter des effets positifs du soleil, vous devez absolument prendre en compte ses dangers. En effet, une surexposition est très dangereux pour la santé et peut avoir des effets néfastes sur la peau et l'organisme :

- insolation : due à une chaleur et à une exposition prolongée sans protection du cou et de la tête notamment
- coups de soleil : la peau brûle à cause des rayons UVB si elle n'est pas protégée de la bonne manière (crème solaire, vêtements occultants, etc.)
- vieillissement cutané : apparition de rides et ridules de façon prématurée sur les zones les plus exposées (poitrine, visage, mains, etc.)
- cancers de la peau : apparition de mélanomes due à une exposition aux rayonnements ultraviolets

Connaître les bienfaits du soleil

Le soleil possède ainsi des bienfaits, notamment si l'exposition est maîtrisée et raisonnée. On vous explique les types de vertus qu'il peut apporter à votre corps !

Système immunitaire

Le soleil permet de booster notre système immunitaire notamment par le biais de la stimulation de la production de globules blancs dans le corps. Ainsi, l'organisme est de ce fait moins vulnérable aux microbes et aux maladies.

Le secret est de rester raisonnable, parce que même si le soleil a des effets positifs sur le système immunitaire, les rayons ultraviolets sont destructeurs pour la peau. Le but n'est pas d'abuser du soleil mais d'exploiter juste ce qu'il faut pour ne pas en subir les méfaits.

Synthétisation de la vitamine D
Le corps humain n'est pas capable de produire lui-même la vitamine D qui est pourtant essentielle à notre organisme. Le soleil, également appelé vitamine du soleil permet justement de synthétiser la vitamine D.
Ainsi, sous l'action des rayons UVB, la pré-vitamine D présente dans le corps se transforme en vitamine D. Pour ne pas avoir de carence, il est important de s'exposer au soleil. Attention néanmoins, car seulement 10 à 15 minutes sont suffisantes pour atteindre sa quantité journalière de vitamine D. En effet, une fois le quota atteint, le corps stoppe son action de synthèse de la vitamine D pour éviter tout risque de contamination.

Pour la peau
Il est important de retenir que le soleil peut être très dangereux pour la peau notamment à cause des rayons UVA et des rayons UVB d'où l'importance d'appliquer de la crème solaire toute l'année. Il a un impact négatif sur les cellules et peut provoquer un vieillissement prématuré de la peau et à terme des cancers de la peau.
Pour en savoir plus sur le vieillissement cutané, rendez-vous sur notre article.
Néanmoins, on peut trouver quelques bienfaits du soleil pour la peau :

- acné : le soleil assèche les boutons d'acné d'où le fait qu'en été les peaux à tendance acnéique sont particulièrement lisses. Néanmoins, cela ne dure qu'un temps, car un effet rebond est à prévoir donc ne pensez pas que le soleil est la solution à votre acné
- bonne mine : l'effet bonne mine est fortement

apprécié par tous, ce qui crée des endorphines qui sont à l'origine d'une sensation de bien-être

- maladies de peau : pour certains problèmes de peau, le soleil permet d'apaiser la peau (notamment pour le psoriasis) ou de stimuler les cellules souches pour repigmenter la peau (vitiligo).

Le plus important étant de toujours appliquer de la crème solaire pour protéger au maximum votre peau des dangers des rayons et d'en conserver uniquement les bienfaits.

La bonne humeur
Le soleil est souvent synonyme d'été, de vacances et donc de bons moments. De cette façon, votre corps produit des hormones connues sous le nom d'hormones du bien-être.
Cela procure donc une sensation d'apaisement, de joie et induit également plus facilement des réactions positives.
Le fait de bronzer est également un phénomène qui permet de se sentir mieux dans son corps et dans son esprit. Les gens sont globalement de meilleure humeur à l'arrivée des beaux jours, contrairement à l'hiver. Les jours se prolongent, il fait beau et chaud jusqu'à la tombée de la nuit, la motivation est plus intense, etc. De quoi donner le sourire !

Pour le sommeil
Une petite exposition au soleil permet de réguler le cycle de sommeil. En effet, la lumière du soleil est perçue par les yeux et permet au corps de sécréter de

la mélatonine. La mélatonine est une hormone qui favorise l'endormissement.
Ainsi, si vous êtes exposé à la lumière trop tard le soir, alors vous allez retarder la production de mélatonine et donc retarder votre sommeil. Au contraire, si vous vous exposez à la lumière dès le matin, la sécrétion d'hormone du sommeil va ainsi favoriser un endormissement plus tôt dans la journée. Ainsi, grâce au soleil, vous luttez contre les insomnies !

Ce qu'il faut faire pour profiter des bienfaits du soleil
Pour profiter des différentes vertus du soleil, vous devez appliquer certaines bonnes pratiques. Cela vous permettra de ne pas être touché par les méfaits du soleil.

Ne pas trop s'exposer
Comme dit précédemment, la surexposition au soleil ne va pas vous faire du bien. Vous devez absolument maîtriser votre exposition pour ne pas agresser votre peau.
Ainsi, favoriser une exposition avant 11h du matin et après 16h pendant l'été. Ce sont entre ces heures que les rayonnements solaires sont les plus dangereux pour l'Homme.
Même s'il est important de s'exposer au soleil de façon quotidienne pour favoriser la synthétisation de la vitamine D, seulement 10 à 15 minutes sont nécessaires ! Alors si vous dépassez ces minutes, n'oubliez pas de bien vous hydrater et vous protéger.

Se protéger du soleil
Protéger son corps du soleil est très important pour être

en mesure d'avoir uniquement les bienfaits du soleil. En effet, chaque partie de votre corps est vulnérable face à la force des rayons :

- peau : en appliquant de la crème solaire minimum toutes les 2 heures
- tête : grâce à un chapeau, une casquette, un bob, un bandana, etc.
- yeux : des lunettes de soleil sont importantes pour protéger vos yeux de la réverbération des rayons UV
- cheveux : une brume ou un fluide protecteur est conseillé pour que vos cheveux ne subissent pas les rayons ultraviolets et se s'assèchent pas

Pour finir, n'oubliez pas de bien vous hydrater avant, pendant et après l'exposition au soleil. La chaleur va vous faire perdre de l'eau par le biais de la transpiration et les rayons UVB vont attaquer la surface de votre peau et créer des coups de soleil.
Ainsi, plus vous serez hydraté, plus votre corps parviendra à lutter contre ces agressions et à se rétablir plus vite en cas de coup de soleil.
Pour en savoir plus pour protéger votre peau du soleil, lisez notre article dédié au sujet !

Éviter les UV artificiels
Les UV artificiels sont, contrairement aux idées reçues, encore plus dangereux que les UV naturels. En effet, seuls des rayons UVA sont envoyés en grande quantité sur votre peau, ce qui fait que vous ne ressentez absolument pas la chaleur, qui est normalement un facteur psychologique d'alerte.
Ainsi, les rayons UVA pénètrent profondément dans

l'épiderme et attaquent vos cellules. Les cancers de la peau sont ainsi plus fréquents pour les habitués des cabines de bronzage.
Les UV artificiels ne permettent pas de stimuler la production naturelle de mélanine contrairement à ce qu'on pense. Elle oxyde la mélanine qui est déjà sur la peau donc ne permet pas du tout de "préparer" la peau au soleil en amont d'une exposition.
En bref, fuyez les cabines UV et préférez une exposition maîtrisée et surtout bien protégée avec de la crème solaire pour obtenir des résultats concluants et sains.
Ce que vous devez retenir
Les différents types de rayons émis par le soleil n'ont pas la même incidence sur le corps humain. En effet, les rayons UVA et UVB restent les plus dangereux dont il faut se méfier. Néanmoins, il est intéressant de savoir que le soleil possède certains bienfaits notamment sur :

- la peau : assèche les boutons mais attention à l'effet rebond post-exposition ; peut soulager quelques maladies de peau telles que le psoriasis ou encore le vitiligo
- le système immunitaire : renforce le système immunitaire notamment grâce à la synthétisation de la vitamine D
- la bonne humeur : l'effet bonne mine met de bonne humeur et l'allongement des journées vous permet de vous donner davantage de motivation au quotidien
- le sommeil : c'est prouvé, le soleil permet de lutter contre l'insomnie notamment ! Vous dormez mieux et vous êtes de ce fait plus reposé

Sans jamais oublier les effets néfastes

Malgré des bienfaits notables, le soleil est tout de même plus souvent un faux ami qu'un meilleur ami. Dites-vous que vous ne vous protégez jamais suffisamment et que votre peau vous remerciera dans quelques années si vous commencez dès maintenant à la protéger. Pour cela, les bonnes pratiques sont simples :

- ne pas s'exposer de façon irraisonnée : éviter les heures les plus chaudes, auxquelles les rayons du soleil sont les plus forts
- protéger son corps du soleil : appliquer de la crème solaire, mettre un couvre-chef pour éviter les insolations, porter des lunettes de soleil pour éviter les effets néfastes dûs à la réverbération, etc;
- fuir les cabines d'UV : véritable cocktail dangereux, les UV artificiels sont plus dangereux pour la peau que les UV naturels, évitez absolument cette pratique

Vous savez désormais tout sur les bienfaits du soleil. Même s'il en existe, ne perdez pas de vue les méfaits qui vous rappellent à quel point il est important de se protéger quotidiennement du soleil pour éviter les complications.

Prendre soin de soi avant l'été aux Jardins Suspendus
Prendre soin de sa peau et de son corps est essentiel pour les conserver en bonne santé. Découvrez ainsi Les Jardins Suspendus et redécouvrez une façon saine de vous faire du bien. Les services proposés au sein de nos Boutiques Spa Bio sont variés, ce qui permet à tous de trouver son bonheur : massages, gommages, palper rouler, soins du visage, beauté des mains et des pieds et même des soins spécifiques aux femmes enceintes.

Tous les produits utilisés sont sélectionnés minutieusement pour respecter tous les types de peau. Vous pouvez les retrouver en vente dans nos Boutiques Spa Bio ou sur notre e-shop. Nos praticiennes se feront un plaisir de vous conseiller selon vos besoins et vos envies !

Pourquoi le Soleil s'appelle le Soleil ?

Comme bien d'autres corps célestes tels que Jupiter, Europe, Vénus ou encore Mercure, le Soleil tire son nom de la mythologie gréco-latine. Le Soleil comptant parmi les astres les plus facilement visibles à l'œil nu, il porte son nom depuis l'Antiquité, et plus précisément depuis les débuts de Rome. Sol était en effet une divinité latine très ancienne, déjà vénérée à l'époque des rois sabins, près de huit siècles avant Jésus-Christ. Cette racine « sol » se retrouve encore de manière plus ancienne dans les langues indo-européennes, et védique en particulier, avec le radical svar signifiant lumière, soleil, ciel. Voilà donc bien longtemps que le Soleil s'appelle ainsi.

Pourquoi le Soleil disparaît ?

Chaque jour, le Soleil donne l'impression de disparaître, entraînant le phénomène de la nuit. Naturellement, la science a expliqué depuis longtemps qu'il ne disparaît pas pour renaître chaque matin comme l'évoquaient certaines mythologies. Si on ne voit plus notre étoile au bout d'un certain temps, c'est en raison de la rotation de la Terre sur elle-même. Elle offre ainsi une face différente à la lumière du soleil au cours du temps : c'est le cycle de la journée. En réalité, il y a donc toujours une partie de la Terre éclairée par le Soleil, y compris pendant les éclipses solaires, où le Soleil disparaît derrière la Lune, mais pour une partie de la Terre seulement, le Soleil restant visible en fonction de l'angle sous lequel on le regarde, et donc de sa position sur Terre.

Mais le Soleil disparaît aussi à long terme. En effet, comme toute étoile, la vie du Soleil est limitée. Un événement qui arrivera lorsque toutes les réserves d'hydrogène, carburant du Soleil, seront épuisées. Le noyau d'hélium s'effondrera alors sur lui-même, entraînant une augmentation de la température qui repoussera les couches externes du Soleil, qui atteindra un diamètre démesuré. La Terre sera alors détruite.

>> Les meilleurs spots pour observer un coucher de soleil en France

Quel est le rôle du Soleil dans le système solaire ?

Au sein du système solaire, le Soleil joue un rôle majeur, notamment pour la Terre, sur laquelle il a permis l'apparition de la vie. C'est en effet grâce à sa présence que la Terre bénéficie d'eau à l'état liquide. Il influence également les courants océaniques, le climat et le développement de la vie. À une échelle plus spatiale, il maintient les planètes qui composent son système dans son orbite grâce à la force gravitationnelle qu'il exerce.

Qui a créé le Soleil ?

Tout dépend de quel point de vue on se place. Chaque mythologie donne en effet sa propre explication sur la création du Soleil, qui est généralement incarné par une divinité : Hélios chez les Grecs, Sol dans la mythologie nordique, Râ dans l'Égypte antique, Surya dans l'hindouisme... Dans ces cas de figure, le Soleil est une divinité née d'autres divinités et s'inscrit dans une lignée mythologique tout à fait classique.

Selon la Bible chrétienne, le Soleil a été créé par Dieu le 4e jour. Dans le Coran, le Soleil fait également partie des créations divines. Pour les scientifiques, la naissance du

Soleil n'est cependant pas due à une personne, mais à l'explosion d'une étoile géante qui a libéré des éléments radioactifs, en particulier le fer 60, dont on retrouve des traces dans les météorites qui gravitent autour du Soleil.
Le soleil est une gigantesque boule de gaz incandescent centrale dans notre galaxie. Avec une température de surface avoisinant les 5500 °C, il nous fournit la chaleur et la lumière essentielles à notre survie. Son énergie phénoménale amène certains à se questionner sur la contribution du Soleil dans les changements climatiques actuels.
Pas de vie sans Soleil !
Le Soleil fait la pluie et le beau temps sur la Terre. Son rayonnement la réchauffe et engendre une circulation atmosphérique à grande échelle qui génère les systèmes météorologiques. Ses cycles quotidiens rythment nos journées et sont à la base de la photosynthèse, primordiale pour la croissance des végétaux. En plus de nous réchauffer, il rend possible la vie sur Terre en permettant la présence de l'eau à l'état liquide. Aussi, les rayons solaires ultraviolets sont des désinfectants naturels qui détruisent des molécules indésirables à la surface des eaux. La polarisation naturelle de la lumière solaire est utilisée par de nombreuses espèces pour s'orienter. Bref, le Soleil est indéniablement fondamental à la vie sur Terre.
Le Soleil en effervescence
Comme toute étoile, le Soleil est formé de gaz très chauds. Leur mouvement crée et tord des champs magnétiques à la surface solaire. En période d'intense activité, ces champs peuvent bloquer les courants de convection des gaz et empêcher les masses de gaz chauds de remonter à la surface. Des régions plus

froides (d'environ 3500 °C) se forment alors et celles-ci sont visibles de la Terre : les taches solaires. Leur nombre varie au fil du temps selon l'activité du Soleil et elles sont des indices de cycles solaires. Ceux-ci s'étalent sur des périodes de 11 ans pendant lesquelles l'intensité du rayonnement solaire varie de faible à forte activité.

Les cycles solaires et les changements climatiques

Comme l'activité solaire varie au fil du temps, est-ce que les changements climatiques actuels peuvent être causés par une période de forte activité solaire ? Pour en apprendre plus sur le sujet, vous êtes invités à la conférence de Roger Gagnon, membre de la Société d'astronomie du Planétarium de Montréal, le 11 mai, de 14h à 15h, à la Bibliothèque de Pointe-Aux-Trembles. Cette activité a lieu dans le cadre du 24 heures de science.

La diversité biologique — ou biodiversité — est la variété de la vie sur Terre, sous toutes ses formes, depuis les gènes et les bactéries jusqu'aux écosystèmes entiers comme les forêts ou les récifs coralliens. La biodiversité que nous connaissons aujourd'hui est le résultat de 4,5 milliards d'années d'évolution, de plus en plus influencée par l'homme.

La biodiversité forme le maillage de vie dont nous dépendons pour tant de choses - nourriture, eau, médicaments, climat stable, croissance économique, etc. Plus de la moitié du PIB mondial dépend de la nature. Plus d'1 milliard de personnes ont besoin des forêts pour assurer leur subsistance. Et les terres et les océans absorbent plus de la moitié de toutes les émissions de carbone.

Mais la nature est en crise. Jusqu'à un million

d'espèces sont menacées d'extinction, souvent d'ici quelques décennies. Des écosystèmes irremplaçables comme des parties de la forêt amazonienne se transforment et ne sont plus des puits mais des sources de carbone en raison de la déforestation. Et 85 % des zones humides, comme les marais salants et les mangroves, qui absorbent de grandes quantités de carbone, ont disparu..
Comment les changements climatiques altèrent-ils la biodiversité ?

Le principal moteur de la perte de biodiversité reste l'utilisation des terres par l'homme - principalement pour la production alimentaire. L'activité humaine a déjà modifié plus de 70 % de toutes les terres libres de glace. Quand la terre est convertie pour l'agriculture, certaines espèces animales et végétales peuvent perdre leur habitat et être menacées d'extinction.
Mais les changements climatiques jouent un rôle de plus en plus important dans le déclin de la biodiversité. Les changements climatiques ont modifié les écosystèmes marins, terrestres et d'eau douce dans le monde entier. Il a causé la perte d'espèces locales, augmenté les maladies et provoqué une mortalité massive de plantes et d'animaux, entraînant les premières extinctions liées au climat.
Sur terre, les températures plus élevées ont forcé les animaux et les plantes à se déplacer vers des altitudes plus hautes ou des latitudes plus élevées, beaucoup se déplaçant vers les pôles de la Terre, avec des effets considérables sur les écosystèmes. Le risque d'extinction des espèces augmente avec chaque degré de réchauffement.

Dans l'océan, la hausse des températures augmente le risque de perte irréversible d'écosystèmes marins et côtiers. Les récifs coralliens vivants, par exemple, ont presque diminué de moitié au cours des 150 dernières années, et un réchauffement supplémentaire menace de détruire presque tous les récifs subsistants.

Dans l'ensemble, les changements climatiques nuisent à la santé des écosystèmes, influençant l'évolution de la distribution des végétaux, des virus, des animaux et même des lieux d'implantation humaine. Cela peut augmenter les possibilités de propagation des maladies par les animaux et le risque que des virus parviennent à infecter les humains. La santé humaine peut également être affectée par la réduction des services écosystémiques, par exemple par la perte de nourriture, de médicaments et de moyens de subsistance fournis par la nature.

Pourquoi la biodiversité est-elle essentielle pour limiter les changements climatiques ?

Lorsque les activités humaines produisent des gaz à effet de serre, environ la moitié des émissions reste dans l'atmosphère, tandis que l'autre moitié est absorbée par la terre et les océans. Ces écosystèmes - et la biodiversité qu'ils contiennent - sont des puits de carbone naturels, fournissant des solutions dites fondées sur la nature aux changements climatiques.
La protection, la gestion et la restauration des forêts, par exemple, comptent pour environ les deux tiers du

potentiel d'atténuation total de toutes les solutions fondées sur la nature. Malgré des pertes massives et continues, les forêts couvrent encore plus de 30 % des terres de la planète.
Les tourbières - les zones humides telles que les marais et les marécages - ne couvrent que 3 % des terres du monde, mais elles stockent deux fois plus de carbone que toutes les forêts. Préserver et restaurer les tourbières signifie les garder humides afin d'empêcher que le carbone ne s'oxyde et ne se répande dans l'atmosphère.
Les habitats océaniques tels que les herbiers et les mangroves peuvent aussi séquestrer le dioxyde de carbone de l'atmosphère à des taux jusqu'à quatre fois supérieurs à ceux des forêts terrestres. Leur capacité à capter et à stocker le carbone rend les mangroves très précieuses dans la lutte contre les changements climatiques.
Il est essentiel de conserver et restaurer les espaces naturels, à la fois sur terre et dans l'eau, pour limiter les émissions de carbone et s'adapter à un climat qui change déjà. Environ un tiers des réductions d'émissions de gaz à effet de serre nécessaires au cours de la prochaine décennie pourraient être réalisées en améliorant la capacité de la nature à absorber les émissions.

L'ONU s'attaque-t-elle conjointement au climat et à la biodiversité ?
Les changements climatiques et la perte de biodiversité (ainsi que la pollution) font partie d'une triple crise planétaire à laquelle le monde est aujourd'hui confronté. Ces questions doivent être abordées ensemble si nous

voulons réaliser les objectifs de développement durable et nous assurer un avenir viable sur cette planète.
Les gouvernements abordent le changement climatique et la biodiversité au moyen de deux accords internationaux différents – la Convention-cadre des Nations Unies sur les changements climatiques (CCNUCC) et la Convention des Nations Unies sur la diversité biologique, toutes deux établies lors du Sommet Planète Terre de Rio en 1992.
À l'image de l'historique Accord de Paris conclu en 2015 dans le cadre de la CCNUCC, les parties à la Convention sur la biodiversité travaillent actuellement à un accord pour la nature, connu sous le nom de cadre mondial de la biodiversité pour l'après-2020, qui succédera aux objectifs d'Aichi pour la biodiversité, adoptés en 2010.
La première ébauche du cadre comprend des mesures de grande envergure pour s'attaquer aux causes de la perte de biodiversité dans le monde, y compris les changements climatiques et la pollution.
« Un cadre mondial de la biodiversité pour l'après-2020 ambitieux et efficace, avec des objectifs et des repères clairs, peut remettre la nature et les gens sur la bonne voie », a déclaré le Secrétaire général de l'ONU, ajoutant que « ce cadre devrait fonctionner en synergie avec l'Accord de Paris sur les changements climatiques et d'autres accords multilatéraux sur les forêts, la désertification et les océans ».
En décembre 2022, les gouvernements se réuniront à Montréal, au Canada, afin de s'entendre sur le nouveau cadre, une occasion unique en dix ans d'obtenir un plan mondial ambitieux et transformateur pour mettre

l'humanité sur la voie d'une vie en harmonie avec la nature.
« La mise en œuvre du cadre contribuera à l'agenda climatique, tandis que la mise en œuvre complète de l'accord de Paris est nécessaire pour permettre au cadre de réussir », a affirmé Inger Andersen, directrice exécutive du Programme des Nations Unies pour l'environnement. « Nous ne pouvons pas travailler isolément si nous voulons mettre fin à la triple crise planétaire. »
Regardez notre entretien avec Elizabeth Mrema, Secrétaire exécutive de la Convention des Nations Unies sur la diversité biologique.

Les gouvernements abordent le changement climatique et la biodiversité au moyen de deux accords internationaux différents – la Convention-cadre des Nations Unies sur les changements climatiques (CCNUCC) et la Convention des Nations Unies sur la diversité biologique, toutes deux établies lors du Sommet Planète Terre de Rio en 1992.
À l'image de l'historique Accord de Paris conclu en 2015 dans le cadre de la CCNUCC, les parties à la Convention sur la biodiversité travaillent actuellement à un accord pour la nature, connu sous le nom de cadre mondial de la biodiversité pour l'après-2020, qui succédera aux objectifs d'Aichi pour la biodiversité, adoptés en 2010.
La première ébauche du cadre comprend des mesures de grande envergure pour s'attaquer aux causes de la perte de biodiversité dans le monde, y compris les changements climatiques et la pollution.
« Un cadre mondial de la biodiversité pour l'après-2020

ambitieux et efficace, avec des objectifs et des repères clairs, peut remettre la nature et les gens sur la bonne voie », a déclaré le Secrétaire général de l'ONU, ajoutant que « ce cadre devrait fonctionner en synergie avec l'Accord de Paris sur les changements climatiques et d'autres accords multilatéraux sur les forêts, la désertification et les océans ».
En décembre 2022, les gouvernements se réuniront à Montréal, au Canada, afin de s'entendre sur le nouveau cadre, une occasion unique en dix ans d'obtenir un plan mondial ambitieux et transformateur pour mettre l'humanité sur la voie d'une vie en harmonie avec la nature.
« La mise en œuvre du cadre contribuera à l'agenda climatique, tandis que la mise en œuvre complète de l'accord de Paris est nécessaire pour permettre au cadre de réussir », a affirmé Inger Andersen, directrice exécutive du Programme des Nations Unies pour l'environnement. « Nous ne pouvons pas travailler isolément si nous voulons mettre fin à la triple crise planétaire. »
Regardez notre entretien avec Elizabeth Mrema, Secrétaire exécutive de la Convention des Nations Unies sur la diversité biologique.

Le but de ce module est d'appréhender la relation entre l'espace et le temps, depuis le système solaire jusqu'à l'Univers dans son ensemble. Le déroulement se fait sous la forme ludique d'un voyage depuis la Terre jusqu'aux confins de l'Univers.
Les notions principales qui y seront acquises incluent :

- Les distances considérables dans la Galaxie, puis dans l'Univers

- Le très grand nombre d'étoiles dans une galaxie, et de galaxies dans l'Univers
- La relation espace-temps déduite de la vitesse finie de la lumière
- Notre position dans les différents ensembles qui composent l'Univers
- L'importance de la gravitation à toutes les échelles considérées.

Il n'y a pas de pré-requis particulier pour ce cours qui peut être suivi par des élèves de niveau L1 indifférencié.

La Terre est une des quatre planètes dites telluriques du système solaire, c'est-à-dire une planète essentiellement rocheuse avec un noyau métallique. Son rayon moyen est de 6371 km et elle tourne autour du Soleil avec une vitesse de près de 30 km/s. L'image ci-dessous démontre la petite taille relative de la Terre par rapport aux planètes géantes gazeuses, et encore plus par rapport au Soleil. L'image ci-contre montre à quel point l'atmosphère terrestre est ténue comparée au diamètre terrestre.La planète Terre est de taille modeste surtout comparée au Soleil. Sa couche atmosphérique est particulièrement ténue !Question 1)
Mentionner les 8 planètes du système solaire, par ordre croissant de distance au Soleil.
Question 2)
Le rayon du Soleil est de 696 000 km. L'épaisseur de l'atmosphère respirable par l'homme (troposphère) est de 10 km, la stratosphère qui inclut la couche d'ozone atteint une altitude de 50 km. Calculer le rapport de la taille du Soleil sur celle de la Terre, puis le rapport de la taille de la Terre sur celle de la troposphère et de la stratosphère. Commentez ces chiffres.

Forces et orbites
Difficulté : ☆☆
Question 1)
Pourquoi la vitesse de Jupiter autour du Soleil (qui est de 13 km/s) est inférieure à celle de la Terre ?
Depuis les années 1970, l'humanité a envoyé de nombreuses sondes spatiales pour explorer le système solaire. Ces sondes se déplacent à des vitesses qui sont limitées par l'efficacité de leur moteur et de leur carburant. La sonde New Horizons, lancée par la NASA le 19 Janvier 2006 a acquis une vitesse de 16 km/s après sa sortie de l'atmosphère terrestre, c'est-à-dire la plus grande vitesse acquise par une sonde. Le passage au voisinage de Jupiter, le 28 juillet 2007, a permis d'augmenter la vitesse en direction de Pluton de 4 km/s. C'est l'effet de fronde gravitationnelle (voir explication et vidéo sous l'icône, ci-dessous à droite).De très nombreux objets ont été découverts au-delà de l'orbite de Neptune, l'un d'entre eux, Eris ayant une masse plus importante que celle de Pluton. Ils sont cependant tous beaucoup moins massifs que la Terre. Cela a conduit, en 2006, l'Union Astronomique Internationale (UAI) à redéfinir la notion de planètes, comme étant des objets qui "dominent tous les autres objets au voisinage de leurs orbites". Pluton, Eris et de nombreux autres objets dit "trans-neptuniens" ont été classifiés comme planètes naines.

Pluton
Difficulté : ☆☆
Question 1)
Pourquoi Pluton est-il une planète naine d'après la définition de l'UAI ? Quelles sont les autres caractéristiques de Pluton et autres planétésimaux qui

les différencient des planètes externes dites géantes gazeuses ?

Aide

Temps pour atteindre le bord du système solaire

Difficulté : ☆☆

Les vitesses des sondes lorsqu'elles s'éloignent du Soleil sont ralenties par la masse de ce dernier. Par exemple, New Horizons avait une vitesse moyenne de 14 km/s après son passage au voisinage de Pluton, en 2015.

Question 1)

Les objets transneptuniens sont observés jusqu'à des distances de 70 unités astronomiques. On considérera que la limite de ces objets est de 100 unités astronomiques. L'unité astronomique est la distance Terre-Soleil, et vaut 150 millions de km. A quelle époque New Horizons aura atteint la limite des objets transneptuniens ?

Les sondes Pioneer et Voyager sont les objets de fabrication humaine ayant atteint les plus grandes distances. Voyager 1, lancé en 1977, détient le record dans ce domaine, ainsi que la plus grande vitesse d'éloignement (17 km/s) obtenue grâce à l'effet de fronde gravitationnelle avec la planète Saturne. Ils se rapprochent de l'héliopause (Voyager 1 l'a atteint en 2012) qui se trouve à près de 100 unités astronomiques de nous. L'héliopause se caractérise par l'équilibre entre la pression due aux radiations solaires, à celle due au milieu interstellaire. Elle représente bien la zone d'influence de notre astre.

Les signaux radio en provenance de Voyager 1 nous parviennent en environ 16 heures. Ils voyagent à la vitesse de la lumière. En comparaison, la lumière de l'étoile la plus proche, Proxima du Centaure, nous

parvient après 4,2 années de voyage. A la vitesse de Voyager 1, il faudrait près de 75 000 années pour atteindre Proxima du Centaure !
La présence de planètes autour des très nombreuses étoiles de la Galaxie a été mise en évidence dans les années 1990. Depuis, plusieurs milliers ont été découvertes. Les techniques observationnelles les plus utilisées sont d'observer les perturbations causées par les planètes sur leur étoile, soit par spectroscopie (perturbation de la vitesse radiale de l'étoile), soit par transit (passage de la planète devant l'étoile perturbant sa luminosité). Ces techniques (voir vidéo sous l'icône) ne permettent pas de connaître précisément la fraction d'étoiles possédant un cortège planétaire, mais on estime à plusieurs milliards, voire centaines de milliards le nombre de planètes dans la Galaxie.
Beaucoup de planètes extrasolaires découvertes aujourd'hui sont bien plus massives que la Terre, car ce sont celles qui perturbent le plus leur étoile, et sont donc plus faciles à détecter. Cependant on découvre aussi des planètes ayant des masses comparables à celle de la Terre, et il n'y a aucun doute que l'on va en découvrir de plus en plus dans les années à venir.
En février 2011, les responsables de la mission spatiale KEPLER ont annoncé la découverte de 1235 candidats planètes extrasolaires. Cinq de ces candidats ont une taille proche de la Terre et sont situés à une distance de leur étoile qui permettrait la présence d'eau liquide à leur surface (zone habitable). Ces candidats doivent être vérifiés par des observations spectroscopiques. En effet, la technique des transits peut confondre une planète avec une étoile-compagnon.Durant les prochaines décennies, nous devrions être capables d'identifier des

planètes similaires à la Terre, puis de vérifier la présence d'eau et d'éventuels marqueurs biologiques. Pourra-t-on visiter ces planètes ? Quelle serait la possibilité d'envisager une migration vers des planètes extrasolaires ?
Plusieurs astrophysiciens et physiciens étudient la possibilité d'un tel voyage, généralement en association avec les Agences Spatiales. Les principaux problèmes étudiés sont :

- Pour que ce voyage ne dure pas une éternité, il faudrait disposer de moteurs permettant d'accéder à des vitesses proches du dixième de celle de la lumière, c'est-à-dire proche de 30 000 km/s, soit deux mille fois plus rapide que Voyager 1 !
- Des moteurs basés sur la fusion nucléaire pourraient produire l'énergie suffisante, cependant ils sont très loin d'être miniaturisés. Et surtout pour pousser un vaisseau de 450 tonnes à la vitesse requise, il faudrait pas moins de 50 000 tonnes de carburant nucléaire !
- Des moteurs basés sur l'annihilation matière-antimatière pourrait résoudre ce problème de carburant. Cette technique est loin d'être contrôlable aujourd'hui et poserait d'énormes problèmes de stockage à bord. Pour la seule production du carburant pour un vaisseau, cela nécessiterait plus que l'énergie totale produite sur la Terre en dix ans.
- De nombreux dangers sont liés à des voyages à ces vitesses, par exemple la présence de grains de poussière interstellaire qui pourraient aisément détruire le vaisseau.
- Une autre possibilité serait de voyager à une

vitesse plus limitée, par exemple à 3000 km/s permettant de transporter des voyageurs. Cependant le voyage durerait plusieurs centaines d'années. Le projet d'un tel vaisseau transportant une population d'un million de personnes a été étudié. En principe, si une telle expérience était dupliquée à chaque point d'arrivée, elle permettrait à l'humanité d'occuper des étoiles dans toute la Galaxie en 40 millions d'années !

Pour poursuivre notre exploration de l'Univers, nous sommes confrontés à l'immensité de la Galaxie, puis de l'Univers. L'échelle de distance utilisée par les astronomes est l'année-lumière qui représente le trajet parcouru par la lumière durant une année, soit près de 10 000 milliards de kilomètres (valeur exacte : 9461 milliards de kilomètres) !Question 1)

Supposons que la taille du système solaire jusqu'à l'héliopause soit représentée par un grain de sable d'un rayon d'un millimètre. A quelle distance se trouverait l'étoile la plus proche, Proxima du Centaure ?

Question 2)

Dans une sphère d'un rayon de 50 années-lumière, centrée autour du Soleil, on trouve environ 1400 étoiles, dont 10% sont visibles à l'oeil nu (voir image). On fait l'hypothèse que ces étoiles se répartissent de façon uniforme. Quelle est la distance moyenne entre une étoile et sa voisine la plus proche (aide conseillée) ?

Aide

Question 3)

En prenant la même analogie qu'en 1), quelle serait la distance entre deux grains de sable ? Comparer la Galaxie avec une plage de sable.

Distance de l'étoile Gliese 581 et de la super-Terre

GJ581d
Difficulté : ☆
L'étoile Gliese 581 située à 20,3 années-lumière possède un important système planétaire. Il est possible qu'une ou deux de ces planètes (GJ581d et GJ581g) aient une masse comparable à celle de la Terre (5 à 6 fois pour GJ581d), et qu'elles soient dans une zone habitable, c'est-à-dire à une distance de leur étoile permettant à l'eau d'être liquide. Ce système pourrait abriter la planète habitable la plus proche de nous.
Question 1)
En faisant la même comparaison que dans l'exercice précédent (système solaire d'une taille d'un millimètre) quelle serait la distance de ce système ?
Question 2)
Supposons maintenant qu'un vaisseau spatial atteigne une vitesse moyenne de 3000 km/s. En combien de temps celui-ci pourrait atteindre ce système ?
La Voie Lactée est de loin le plus vaste objet du ciel nocturne, dont elle occupe une importante fraction. Elle est observable de préférence par une nuit sans Lune et surtout sans pollution lumineuse. La Voie Lactée apparaît comme une longue traînée blanchâtre qui traverse tout le ciel nocturne sur 360 degrés. Cela est dû au très grand nombre d'étoiles qui constituent la Voie Lactée, leurs lumières se superposant pour donner cette allure blanchâtre. C'est en l'observant avec une lunette astronomique que Galilée a pu en résoudre les étoiles individuelles. Toutes les étoiles que nous apercevons à l'oeil nu font partie de la Voie Lactée.
Le système solaire fait partie de la Voie Lactée. Notre Galaxie est dominée par son disque, une immense "assiette". Etant à l'intérieur du disque, nous voyons

celui-ci de côté, comme une longue traînée d'étoiles, la Voie Lactée. Celle-ci contient de 150 à 250 milliards d'étoiles, du gaz dans différentes phases (chaud et moléculaire) ainsi que de la poussière qui absorbe la lumière visible, ce qui explique les traînées sombres dans les parties les plus centrales de la Galaxie.
Notre Galaxie est une galaxie de type "spirale". Elle est dominée par un disque dont les étoiles tournent autour du centre qui est constitué d'un bulbe et d'une barre. Entre 70% à 80% des étoiles sont dans le disque qui a un diamètre de 90 000 années-lumière pour une épaisseur de seulement 2500 années-lumière. Le disque est constitué de plusieurs bras spiraux dans lesquels se concentre la majorité des étoiles. On pense que les bras se forment naturellement par des instabilités gravitationnelles induites lors de la rotation du disque. Les deux bras spiraux qui dominent la Galaxie sont ceux de Scutum-Centaurus et de Perseus, le Soleil se trouvant dans un bras secondaire, appelé bras d'Orion.Pour découvrir la structure de la Galaxie il a fallu l'observer à de nombreuses longueurs d'onde pour s'affranchir de l'extinction due aux poussières, en particulier en direction du Centre Galactique. C'est l'observation d'un très grand nombre d'étoiles vers le centre qui a permis d'identifier la présence de la barre.Question 1)
De quel type est la Galaxie ? Quel est la composante (bulbe, barre ou disque) qui contient le plus d'étoiles ?
Question 2)
Quel est le rapport entre le diamètre du disque et son épaisseur ? Comparez-le à celui d'une grande assiette.
Question 3)
Observez l'image de la Galaxie vue de face et comparez les bras spiraux au mouvement de l'eau qui s'écoule

dans un évier. Quel est le sens de rotation de la Galaxie sur cette image : horaire (dans le sens des aiguilles d'une montre) ou anti-horaire ?
Le Soleil est-il dans la Galaxie ?
Difficulté : ☆☆☆
Question 1)
La Voie Lactée est une longue bande de lumière qui partage le ciel quelque soit la position et l'époque d'observation. On en déduit qu'elle s'étend sur 360 degrés, c'est-à-dire le long de l'ensemble de la voûte céleste. Qu'est-ce que cette observation implique sur la position du Soleil dans la Galaxie ?
Le Soleil est une des nombreuses étoiles du disque de la Galaxie. Il est presque exactement dans le plan du disque, avec une distance au Centre Galactique de 28 000 années-lumière. Le Soleil tourne autour du Centre Galactique avec une vitesse de 230 km/s.Pour connaître précisement notre position dans la Galaxie, il est nécessaire de déterminer les distances des étoiles. La distance aux étoiles proches est déterminée par les effets dit de parallaxe. Ceux-ci utilisent leurs variations en position sur le ciel, lorsqu'elles sont observées de la Terre à deux positions différentes autour du Soleil. Le satellite GAIA, lancé par l'ESA en 2013, a observé la position de près d'un milliard d'étoiles ! La distance aux étoiles plus lointaines est déterminée grâce aux propriétés particulières de certaines étoiles variables, les Céphéides, dont la période de variabilité dépend de leurs luminosités intrinsèquesQuestion 1)
La trajectoire du Soleil peut être approximée à un cercle avec un rayon de 28 000 années-lumière. Avec une vitesse de 230 km/s, en combien de temps le Soleil parcourt-il un tour complet ?

Aide
Question 2)
Le Soleil s'est formé il y a 5 milliards d'années. Combien de tours autour du Centre Galactique a-t-il parcouru ?
La Galaxie et nous
Difficulté : ☆☆
Question 1)
Les amas globulaires sont des amas d'étoiles qui se sont formés aux toutes premières époques. En observant les amas globulaires dans d'autres galaxies, on s'aperçoit qu'ils se distribuent autour de leurs centres. En 1920 Harlow Shapley, un astronome américain, a montré que les amas globulaires étaient centrés autour d'un point situé à plusieurs dizaines de milliers d'années-lumière du Soleil. Que cela nous dit-il sur notre position dans la Galaxie ?
Le centre Galactique est situé dans la constellation du Sagittaire. Il est très difficile à observer car nous sommes au beau milieu du disque de la Galaxie et de nombreuses poussières absorbent la lumière visible qui peut nous provenir du Centre de la Voie Lactée. Il faut donc l'observer aux longueurs d'onde infra-rouges ou radio qui sont beaucoup moins affectées par la poussière.
A ces longueurs d'onde, le Centre Galactique est extrêmement lumineux, malgré sa distance, 28 000 années-lumière. Le Centre Galactique contient du gaz qui est chauffé par les émissions de nombreuses étoiles jeunes ou en formation.
La Galaxie avec plus de 100 milliards d'étoiles est immensément massive. Que peut contenir son centre ?
Les astronomes ont observé le centre de la Galaxie durant plus de dix ans pour observer les mouvements

propres des étoiles. La plupart des étoiles ont des orbites bien ordinaires. Cependant, l'une d'entre elles (voir vidéo) montre une trajectoire avec une accélération considérable lorsqu'elle passe au voisinage d'un point n'émettant aucune lumière. La masse nécessaire pour produire une telle orbite elliptique peut être calculée : 3,7 millions de fois la masse du Soleil ! Comment une telle masse peut-elle se concentrer dans un si petit espace sans qu'aucune émission lumineuse soit détectée ? C'est aujourd'hui la preuve la plus concrète de l'existence d'un trou noir massif au coeur de notre Galaxie.Question 1)

A son plus proche passage, l'étoile S2 se trouve à 15 milli-arcsecondes du trou noir supposé de la Galaxie. Connaissant la distance du Centre Galactique (28 000 années-lumière), en déduire la taille maximale, en temps-lumière ou en unités astronomiques du trou noir. Comparez cette valeur à celle de l'étendue du système solaire, jusqu'à l'héliopause. Qu'en déduisez-vous ?

Les trous noirs fascinent le grand public par leurs propriétés exceptionnelles. Par définition un trou noir est un corps massif et compact exerçant une telle force gravitationnelle à sa surface, que même la lumière ne peut s'en échapper. Pour définir un trou noir, il faut d'abord définir la vitesse de libération, une notion qui s'applique aussi bien à une planète qu'à une étoile ou un trou noir.

La vitesse de libération à la surface d'une planète est la vitesse nécessaire que doit avoir un objet (par exemple une fusée) pour s'échapper définitivement de son attraction, et donc de pouvoir naviguer dans l'espace. Cette vitesse est égale à : $\sqrt{\frac{2GM}{R}}$, où G est la constante gravitationnelle, M la masse de la planète et R son

rayon. La vitesse de libération pour une fusée décollant de la Terre est de 11,2 km/s.
Avec une vitesse de libération de 300 000 km/s un trou noir est considérablement plus dense que tous les objets astronomiques connus. Dans le cadre de la relativité générale, un trou noir déforme la trajectoire des particules massives et aussi celle de la lumière (Figure). Plus généralement la présence d'un trou noir est associée à une singularité et à une déformation de l'espace temps. Imaginons une sonde spatiale en orbite autour d'un trou noir, qui lancerait une navette vers l'intérieur du trou noir : la navette franchirait rapidement le rayon critique du trou noir, tandis qu'un observateur, resté prudemment sur la sonde, la verrait indéfiniment voyager vers le trou noir sans jamais l'atteindre. C'est la contraction des temps au voisinage du trou noir.Question 1)
La masse de la Terre est de 5,97 1024 kg et son rayon de 6371 km. La constante gravitationnelle G est égale à 6,67 10-11 m3 kg-1 s-2. A partir de la formule définissant la vitesse de libération, calculer ce que serait le rayon d'un trou noir ayant la masse de la Terre. Retrouver ce résultat plus simplement en utilisant la vitesse de libération d'une fusée décollant de la Terre (11,2 km/s).
Aide
Question 2)
La vitesse de libération à la surface d'un trou noir dit de Schwarzschild est c=300 000 km/s (3 105 km/s). Exprimer le rayon d'un trou noir en fonction de sa masse, de c et de G.
Aide
Question 3)

La masse du Soleil est de 2 1030 kg : quel serait le rayon d'un trou noir de cette masse ?
Question 4)
La masse de l'auteur est de 80 kg : quel serait le rayon d'un trou noir de cette masse ? Comparez-le à la taille de l'atome de l'hydrogène (2,5 10-14 km) ou du rayon classique de l'électron (2,8 10-18 km).
Poursuivons notre visite de la Galaxie au-delà de son disque et de son centre. La Galaxie est entourée d'un cortège de plusieurs galaxies de très petites tailles appelées galaxies naines. Les Nuages de Magellan, qui sont des galaxies naines irrégulières, sont les plus importantes d'entre elles.
La Galaxie se caractérise par une histoire peu mouvementée. Il est probable qu'elle n'a pas fait de rencontre majeure avec d'autres galaxies de masse comparable à la sienne, depuis 10 à 11 milliards d'années, ce qui en fait peut-être une exception parmi les galaxies de masse comparable. Actuellement, la Galaxie absorbe une minuscule galaxie naine, appelée Sagittarius, qui laisse une immense trainée d'étoiles lors de sa dissolution. Cependant cette collision n'affecte pas la Galaxie dans son ensemble. Par ailleurs, les Nuages de Magellan tombent dans la Galaxie avec une vitesse prodigieuse, à plus d'un million de km/h (350 km/s). Il est presque certain que les Nuages de Magellan s'approchent pour la première fois de la Galaxie. Ils sont actuellement situés à 160 000 années-lumière de celle-ci. Le résultat de cette rencontre n'est pas encore connu : leur vitesse d'approche est tellement élevée qu'il est possible qu'ils s'échappent ensuite de la Galaxie en direction de l'espace intergalactique.
Cette histoire calme devrait s'achever dans plusieurs

milliards d'années avec une rencontre vraiment majeure ! A suivre...
Si l'on additionne la masse des étoiles, du gaz et de la poussière, on trouve pour la Galaxie une masse de 55 milliards de fois celle du Soleil. Les astronomes s'intéressent beaucoup à l'environnement de notre Galaxie. En effet les étoiles et le gaz au bord du disque de la Galaxie tournent beaucoup trop vite pour que la masse ci-dessus puisse équilibrer l'accélération centrifuge causée par la rotation d'ensemble ! Cela fait soupçonner l'existence d'une importante masse cachée qui contribuerait à équilibrer cette rotation. Comme l'excès de vitesse est particulièrement important au bord de la Galaxie, cette masse cachée devrait se trouver autour de son disque, dans une région appelée le halo. On trouve dans le halo de notre Galaxie des étoiles généralement âgées et pauvres en éléments lourds, des amas globulaires et des galaxies naines. Tous contribuent à enrichir notre connaissance du passé de la Galaxie et de sa formation !
A côté de la mystérieuse masse cachée, certaines propriétés de la Galaxie sont surprenantes. Par exemple plus de 30 galaxies naines l'entourent. Alors qu'on s'attendrait à ce qu'elles soient distribuées de façon aléatoire autour de la Galaxie ou autour de son disque, elles semblent se distribuer préférentiellement autour d'un plan qui est perpendiculaire à ce disque. Les scénarios actuels de formation des galaxies ont bien de la peine à interpréter ce mystère !
Pour mesurer la vitesse d'une galaxie naine par rapport à la Galaxie, il faut non seulement mesurer sa vitesse d'approche par rapport à nous, mais aussi sa vitesse en trois dimensions. Pour celà, il est nécessaire de connaître

son mouvement propre sur le ciel. De récentes mesures, faites en particulier avec le Télescope Spatial Hubble, ont permis de mesurer les vitesses de plusieurs de ces galaxies.

Question 1)

Le Grand Nuage de Magellan se situe à 163 000 années-lumière de la Galaxie. Sa vitesse par rapport à la Galaxie est de 350 km/s. En supposant que cette vitesse soit égale à la vitesse de libération, calculer la masse de la Galaxie en unités de masses solaires (1 masse solaire=2 1030 kg).

Aide

Question 2)

On suppose que la matière de la Galaxie se répartit selon une distribution sphérique, dans le halo. Quel est le volume occupé par la masse calculée dans la question précédente ? Comparer la valeur de la masse calculée dans la question précédente à la masse totale de la Galaxie en étoiles, gaz et poussières (55 milliards de masses solaires). Qu'en déduisez-vous soit sur la présence de matière cachée, soit sur la trajectoire future du Nuage de Magellan ?

Aide

Question 3)

La masse de la galaxie peut aussi être déduite de la vitesse de rotation des étoiles. A 163 000 années-lumière, la vitesse de rotation observée est de 180 km/s. On peut déduire la masse en utilisant la relation $v_{rotation} = \sqrt{\frac{GM}{R}}$. Calculez cette nouvelle masse dans un rayon de 163 000 années-lumière. Qu'en déduisez-vous sur la trajectoire future du Nuage de Magellan ?

Question 4)

Reprendre le calcul de la Question 1) ci-dessus pour les

galaxies naines Carina (v=90 km/s, R=332 000 a.l.), Fornax (220 km/s, R=450 000 a.l.) et Leo II (250 km/s, R=684 000 a.l.). Que pensez-vous de la trajectoire future de Carina ?
Le Groupe Local s'étend sur un rayon de 3 millions d'années-lumière. Il est dominé par deux galaxies spirales géantes, la grande galaxie d'Andromède (M31) et notre Galaxie. Il inclut aussi une autre galaxie spirale, la galaxie du Triangle (M33) qui est dix fois moins massive que M31. On dénombre actuellement une cinquantaine de galaxies naines, qui se répartissent principalement autour des deux grandes galaxies. Ce nombre continue de croître régulièrement avec la découverte de nouvelles galaxies de plus en plus petites. Le Groupe Local se caractérise par de nombreuses interactions entre les galaxies qui le constituent. Outre l'interaction de la Galaxie avec les galaxies naines Sagittarius et les Nuages de Magellan, la galaxie d'Andromède est en interaction avec la galaxie du Triangle. On peut cependant considérer que le Groupe Local résulte de l'approche des deux grandes galaxies et de leur cortège de galaxies naines. La Galaxie et celle d'Andromède se rapprochent à la vitesse de 130 km/s, soit 468 000 km/h. La rencontre n'est pas prévue pour tout de suite : les deux galaxies sont actuellement à une distance de 2,5 millions d'années-lumière !
Les deux grandes galaxies du Groupe Local sont des grandes galaxies spirales, c'est-à-dire dominées par leur disque. La Galaxie est de type Sbc, ce type indiquant un bulbe représentant 19% de sa masse en étoiles. La galaxie d'Andromède est de type Sb, avec un bulbe représentant 28% de sa masse en étoiles. Si l'on additionne la masse des étoiles, du gaz et de la

poussière dans ces deux galaxies, on trouve une masse de 55 milliards de fois celle du Soleil pour la Galaxie, et exactement le double pour la galaxie d'Andromède.
La rencontre de ces deux galaxies sera l'événement le plus important du Groupe Local. Les deux galaxies sont pauvres en gaz : 12% et 5% pour la Galaxie et Andromède respectivement. Cela implique que le produit de la collision entre les deux galaxies sera une galaxie elliptique, semblable à un gigantesque bulbe ou ellipsoïde. Dans cette nouvelle structure, les trajectoires des étoiles se distribueront de façon aléatoire, s'inscrivant dans un ellipsoïde.
Il est impossible à ce jour de dater exactement cette collision future, car certains paramètres comme la vitesse tangentielle d'Andromède ne sont pas bien connus. Il est encore plus difficile de prédire quelle sera la position du Soleil après cette rencontre phénoménale. Celui-ci pourrait même être arraché de la Galaxie lors de la première rencontre, du fait de sa position relativement proche du bord du disque de la Galaxie. Il pourrait être éjecté dans une queue de marée, pour errer dans l'espace intergalactique, voire même... être capturé par la galaxie d'Andromède ! Dans tous les cas cet événement aura lieu dans près de 5 milliards d'années, une durée suffisante pour que le Soleil ait consommé tout son hydrogène.Le Groupe Local est comparable à plusieurs groupes de galaxies que l'on trouve dans notre voisinage, à des distances de quelques dizaines de millions d'années-lumière. La plupart de ces groupes de galaxies sont situés en bordure d'une concentration beaucoup plus importante de galaxies : l'amas de la Vierge. Celui-ci inclut quelques milliers de galaxies et aussi du gaz chaud détecté aux longueurs d'onde X. La

masse de l'amas de la Vierge est tout simplement énorme : plusieurs centaines de milliers de milliards de fois celle du Soleil, en tenant compte de la masse cachée ! On comprendra que cette énorme masse affecte les galaxies environnantes. Par exemple, le gaz chaud de l'amas provient probablement du gaz arraché, par effet de marée gravitationnelle, aux galaxies qui sont tombées dans le coeur de l'amas.Les galaxies ne se répartissent pas de façon homogène dans l'Univers proche : elles se répartissent préférentiellement le long de superstructures, sur des échelles de quelques dizaines de millions d'années-lumière. Les astronomes ont baptisé ces superstructures les "super-amas". Le Groupe Local fait donc partie du super-amas de la Vierge. Il est difficile de connaître la masse des super-amas car il est certain que ce ne sont pas des structures en équilibre gravitationnel, comme l'est le disque de la Galaxie par exemple.

Sur des échelles encore plus vastes, on s'aperçoit que les galaxies se rassemblent le long de structures encore plus gigantesques, appelées "murs" ou "filaments". On s'aperçoit aussi qu'il y a des régions vides de l'espace dans lesquelles on trouve très peu de galaxies.

Au-delà de la rotation de la Terre sur elle-même, la Terre subit de nombreux mouvements ! Elle tourne autour du Soleil à une vitesse de 30 km/s, soit plus de 100 000 km/h. Le système solaire est entraîné autour du centre de la Galaxie à une vitesse de 230 km/s. Notre Galaxie et la grande galaxie d'Andromède tombent vers le centre du Groupe Local, chacune avec à une vitesse de 65 km/s. Ce n'est pas tout ! Les astronomes ont mesuré la vitesse des galaxies du Groupe Local par rapport à un très grand nombre de galaxies distribuées sur toute la voûte céleste. Ils en ont déduit un mouvement considérable des galaxies du Groupe Local, en direction des super-amas de Centaurus et de Shapley, avec une vitesse de 627 km/s soit plus de 2 millions de km/h.A l'exception de la grande galaxie d'Andromède et de quelques galaxies naines proches, toutes les galaxies s'éloignent de nous. Pour mesurer les distances des galaxies, les astronomes utilisent la relation établie par l'astronome américain Edwin Hubble, qui montre que la vitesse v d'éloignement des galaxies est proportionnelle à leurs distances, D, selon v=H0D, ou H0 est la constante de Hubble. Plus une galaxie est lointaine, plus vite elle s'éloigne de nous. Son émission lumineuse est alors affectée par sa vitesse d'éloignement, à cause de l'effet Doppler. Ce même effet s'applique aux ondes acoustiques : lorsqu'une ambulance se rapproche de nous, la longueur d'onde acoustique est diminuée (le son devient plus aigu), et lorsqu'elle s'éloigne, elle s'agrandit (le son devient plus grave). De même, la lumière émise par une galaxie s'éloignant de nous sera décalée vers le rouge (augmentation de la longueur d'onde) avec un décalage spectral z donné par :

$$z = \frac{(\lambda_{observ\acute{e}} - \lambda_{repos})}{\lambda_{repos}}$$

Pour mesurer le décalage spectral, les astronomes utilisent les spectres des galaxies (voir Figure). Ils en déduisent la vitesse des galaxies, avec :

$v = c \times \frac{((z+1)^2 - 1)}{((z+1)^2 + 1)}$, où c est la vitesse de la lumière, c=300 000 km/s.
Lorsque la vitesse d'éloignement est petite par rapport à la vitesse de la lumière, on peut simplifier l'expression ci-dessus par v=cz. Connaissant la vitesse d'éloignement d'une galaxie, on en déduit sa distance, D=v/H0.
Les astronomes ont mesuré la répartition dans l'espace de dizaines de milliers à plusieurs millions de galaxies en

observant leurs spectres ainsi que leurs positions sur le ciel. Les images ci-dessous révèlent que les galaxies se distribuent le long de filaments, évitant les vides. Lorsque plusieurs filaments se croisent, ils créent une forte densité de galaxies qui est le lieu privilégié de formation des amas de galaxies.
Cette distribution filamentaire des galaxies est aussi déduite des simulations numériques cosmologiques, qui modélisent la distribution des halos de matière sombre. On en déduit que l'ensemble de la matière se répartit à grande échelle selon un "réseau cosmique", où les filaments atteignent des longueurs de 250 millions d'années-lumière, et les vides des diamètres de 150 millions d'années-lumière.
Avec l'avènement des grands télescopes et des spectrographes multi-objets, il est devenu possible d'étudier l'Univers distant. La première étude, le "Canada France Redshift Survey (CFRS)" a été réalisée de 1992 à 1997. Elle a permis d'étudier plus de mille galaxies lointaines, agrandissant le volume de l'Univers connu par un facteur 150 !
Ces galaxies sont si lointaines que leur lumière a mis plusieurs milliards d'années pour nous parvenir. A ces échelles considérables, l'Univers peut être considéré comme homogène et isotrope. Ses propriétés ne dépendent pas de la position de l'observateur : c'est le Principe Cosmologique. Cela implique que les propriétés des galaxies lointaines doivent être semblables aux ancêtres, plusieurs milliards d'années auparavant, des galaxies actuelles.
En étudiant les galaxies lointaines, on peut remonter dans le passé de l'Univers et étudier comment les galaxies se sont formées !

Un des mystères de la cosmologie moderne est de comprendre comment les galaxies se sont formées. Pour cela, les astrophysiciens analysent les images des galaxies lointaines à partir des observations faites au Télescope Spatial Hubble (HST). Pour comprendre comment les galaxies se sont formées, il faut aussi étudier les différents mouvements internes qui les animent. Pour cela il faut utiliser les plus grands télescopes, dont le "Very Large Telescope (VLT)" et les instruments permettant de disséquer la lumière de ces galaxies.
Connaissant la forme et les mouvements internes dans des galaxies comparables aux ancêtres des galaxies actuelles, il devient possible d'en étudier leur évolution sur plusieurs milliards d'années et d'en déduire les conditions de la formation des galaxies ! Les études les plus récentes montrent que de nombreuses galaxies se forment bien par collisions entre des galaxies plus petites.
La galaxie J033239.72-275154.7 a émis sa lumière il y a 4,3 milliards d'années. C'est en combinant les images du télescope spatial avec les mouvements internes du gaz, que les astrophysiciens ont compris ce qui se passait dans cette galaxie. Il s'agit du résultat d'une collision entre deux galaxies : la plus massive forme une barre géante en réaction aux mouvements de la galaxie de plus petite taille. Cette dernière est prête à tomber dans le coeur de la plus grande pour former une nouvelle galaxie.
En multipliant ces observations et en les reproduisant avec des modèles numériques, les astronomes pourront enfin expliquer comment les galaxies actuelles ont pu assembler leurs étoiles et leurs gaz. Le but sera de

reproduire l'ensemble des galaxies de la séquence de Hubble !
Les plus grands télescopes passent un temps considérable à rechercher les galaxies de plus en plus lointaines. La lumière nous provenant de ces sources est tellement faible qu'il faut poser pendant plusieurs dizaines, voire centaines d'heures pour pouvoir les détecter. Malgré le pouvoir collecteur des télescopes les plus géants, les galaxies les plus lointaines apparaissent comme de petites taches (voir les images à la fin de la vidéo), et leurs spectres ne révèlent que très peu d'informations. Ces galaxies ont émis leurs lumières il y a près de 13 milliards d'années, soit moins d'un milliard d'années après le Big-Bang !
A côté du plaisir de découvrir la galaxie la plus lointaine, que nous apportent ces observations ? Nous verrons que l'Univers le plus lointain, il y a 13,7 milliards d'années était formé de gaz chaud et ionisé. Ce gaz s'est ensuite refroidi avant la formation de tout objet, que ce soit des étoiles, des amas d'étoiles ou des galaxies. Les observations de l'Univers, il y a 10 milliards d'années, indiquent cependant que le gaz dans l'Univers était à nouveau chaud et ionisé. Que s'est-il passé entre-temps ? Les astrophysiciens pensent que le gaz de l'Univers a été ré-ionisé par le rayonnement des premiers objets dans l'Univers, peut-être par les premières galaxies.
Par contre il devient très difficile, voire impossible, de relier ces "premières" galaxies aux galaxies actuelles. En près de 12 milliards d'années, celles-ci ont eu le temps de fusionner avec d'autres galaxies !
Le fond diffus cosmologique correspond à la première émission de photons dans l'Univers, 380 000 ans après

le Big-Bang. Il a été découvert par les radioastronomes Penzias et Wilson qui testaient une antenne pour mesurer le rayonnement radio de notre Galaxie. Ils ont découvert un signal émis qui était identique quelque soit la direction observée.
Le fond diffus cosmologique avait été prédit par l'astrophysicien Gamow. 380 000 ans après le Big-Bang, l'Univers était considérablement plus petit et plus dense qu'il ne l'est aujourd'hui. Les photons étaient perpétuellement en interaction avec la matière dense : tout photon émis était immédiatement absorbé par la matière, en particulier par les électrons libres. Dès que les électrons ont commencé à se combiner avec les noyaux des atomes, les photons ont pu se libérer de la matière : l'Univers est devenu transparent. L'image de ces premiers photons occupe toute la sphère céleste (voir image).
La découverte du fond diffus cosmologique est une des preuves du Big-Bang. Son décalage spectral correspond à z=1100, impliquant que l'Univers était plus d'un milliard de fois plus dense qu'aujourd'hui ! On peut associer une température à cette émission, dite de corps noir, qui est de 2,7 kelvin aujourd'hui, alors qu'elle était de 3000 kelvin lors de l'émission.
Le voyage de la Terre aux confins de l'Univers s'achève. On pourra en retenir quelques éléments :

- Il y a beaucoup de systèmes planétaires dans la Galaxie : cependant un voyage au-delà de notre système est pour le moins improbable avant de très nombreuses années.
- La Galaxie est si vaste, qu'elle contient plus de cent milliards d'étoiles : cependant elle contient surtout du vide tant ces étoiles sont éloignées les

unes des autres.

- On comprendra qu'il faut protéger la Terre et surtout son atmosphère si ténue !
- Le voyage le plus court entre deux points de l'espace n'est pas toujours selon une droite : cela est illustré par les effets de la gravitation dans le système solaire (fronde gravitationnelle) et encore plus au voisinage d'un trou noir (déformation de l'espace-temps).
- Notre position dans la Galaxie et l'Univers proche est assez ordinaire pour une étoile comme le Soleil, et pour une galaxie comme la nôtre.
- Nous subissons des mouvements à toutes les échelles, de la Terre autour du Soleil, du Soleil autour de la Galaxie, de la Galaxie vers Andromède, et de cet ensemble vers le Grand Attracteur (voir dernier scoop)
- On peut remonter le temps en observant les galaxies lointaines qui sont semblables aux ancêtres des galaxies actuelles.
- 130 milliards de galaxies dans l'Univers, chacune d'entre elle avec plus de cent milliards d'étoiles.

Alors que la Terre a placé une station spatiale mixte en orbite depuis désormais plus de trente ans, une question évidente se pose : que se passe-t-il derrière les hublots une fois que les écoutilles sont fermées ? Les astronautes se sont-ils déjà livrés à l'acte charnel ?
Il faut noter qu'il n'y a jamais eu de confirmation officielle de rapports sexuels, consentis ou non, entre les membres des équipages de Shuttle, Soyouz, Shenzhou ou de l'ISS. Cela n'a évidemment pas empêché de nombreux esprits restés sur Terre d'imaginer comment

ceux qui sont en orbite passent une partie de leur temps libre une fois les tâches du jour effectuées.
L'imagination collective s'est embrasée en 1992 quand on a appris que Jan Davis et Mark Lee, deux astronautes partis dans l'espace à bord de la navette Endeavor, s'étaient mariés en secret neuf mois avant leur mission. L'envoi de deux époux à bord de la même mission était inédit pour la NASA - l'agence a par la suite interdit un tel cas de figure - et a immédiatement laissé penser qu'ils avaient peut-être bien été le premier couple à consommer son mariage en apesanteur, à des milliers de kilomètres de la Terre.
Bien qu'il y ait des humains dans l'espace depuis 1961, le sexe dans l'espace est un sujet largement ignoré. Il y a plusieurs raisons à cela, la principale étant que la plupart des missions habitées n'ont pas duré assez longtemps pour que la NASA ressente le besoin de se pencher sur la question. Quand vous tentez de comprendre comment survivre dans un environnement incroyablement hostile, vous avez clairement d'autres priorités que de "connaître bibliquement" vos partenaires. Mais cela pourrait bientôt changer.
Je pense qu'à un moment, il va falloir s'intéresser à la sexualité dans l'espace", affirme Paul Root Wolpe, directeur du Centre d'éthique de l'université Emory et bioéthicien à la NASA. "Je ne sais pas si la NASA a une politique officielle sur le sujet, mais il faudra bien un jour qu'elle en définisse une et qu'elle ait son mot à dire sur ce type de relations. Dès lors qu'une mission dure un certain temps, il devient compliqué de priver les gens de cette part de leur humanité. Mais je ne sais pas si le moment est venu."Au-delà du fait qu'il n'y a pas vraiment d'urgence scientifique à examiner la libido

humaine et l'activité sexuelle en orbite, il y a des chances que le rapport charnel ne soit pas exactement génial en apesanteur. Sur le plan logistique, ça n'a rien d'évident, et selon Wolpe, cela a déjà de bonnes chances de dissuader les astronautes de mener des tests dans leur coin.
"Beaucoup de gens pensent que le sexe en apesanteur doit être génial parce que vous pouvez vous mouvoir dans l'espace différemment. Mais les chercheurs qui ont étudié la question n'en sont pas si certains, dit-il. La gravité nous permet de rester stables et unis, ce qui veut dire que la microgravité rend les choses plus délicates puisqu'il faut s'assurer en permanence qu'on se tient bien à l'autre, faute de quoi chacun flotte de son côté. C'est sans doute bien plus difficile et moins agréable qu'on ne le pense."
La gravité sur Mars, qui équivaut à peu près au tiers de celle de la Terre, "est assez faible pour que vous puissiez faire ce que vous voulez, et assez forte pour que ça reste intéressant", écrit Arthur C. Clarke.
Même si l'on parvient à dépasser ces difficultés d'ordre logistique, il reste un problème : la microgravité rend le sexe beaucoup moins sexy.
Les astronautes ont tendance à transpirer davantage dans l'espace, et la baisse de la pression sanguine complique considérablement les choses pour les hommes - oui, je parle d'érection. Pour ce qui est des femmes, on ne sait pas encore vraiment si l'apesanteur est un fléau ou une bénédiction pour les seins. On sait que les femmes portent des soutien-gorge dans l'espace, mais c'est en général lié au fait que les astronautes sont soumis à des sessions d'exercice intensives. En dehors de ça, c'est une question de

préférence personnelle.
Malgré toutes ces limites, les fantasmes abondent. Dans Le Marteau de Dieu, un roman de science-fiction signé Arthur C. Clarke sorti en 1993, l'auteur s'interroge sur les avantages et les inconvénients du sexe à divers endroits du système solaire, notant au passage que l'excitation de la nouveauté retombe rapidement, tandis que la gravité de la Lune vous fait rebondir dans tous les sens.
En revanche, la gravité sur Mars, qui équivaut à peu près au tiers de celle de la Terre, "est assez faible pour que vous puissiez faire ce que vous voulez, et assez forte pour que ça reste intéressant", écrit l'auteur.
"On exagère autant les joies que les problèmes du sexe en apesanteur", écrivait Clarke dans 2010 : Odyssée Deux, paru en 1982. Mais il avait hâte de voir quelles innovations en matière de sexe apparaîtraient une fois l'Homme installé dans l'espace. "L'apesanteur fera naître de nouvelles formes d'érotisme. Il était temps."
Insertions orbitales
Les réflexions de Clarke sont timidement confirmées par l'astronaute américain Ron Garan, qui a passé six mois au total à bord de l'ISS - et jure qu'il est toujours un puceau de l'espace.
"Je ne sais pas à quoi ressemble le sexe dans l'espace, évidemment, dit-il en riant. Je suppose que ce serait aussi agréable que sur Terre. L'apesanteur vous libère - en étant totalement libre de vos mouvements, vous pouvez tester n'importe quelle position."
Ne doutons pas que les positions auxquelles Garan fait référence sont strictement professionnelles - se saisir d'un outil, réparer un télescope spatial, faire de l'exercice... Mais en 1989, un document diffusé par la

NASA semblait évoquer des positions de nature plus intime. Connu sous le nom de code 12-571-3570, ce document détaillait manifestement les résultats d'une expérience menée à bord de la mission STS-75, dans laquelle des couples se livraient à divers actes sexuels pour déterminer lesquels étaient les plus efficaces en termes de reproduction.
Parmi les douze "méthodes" qui ont été testées, l'une impliquait d'attacher les couples ensemble et de les placer dans un immense tunnel gonflable, ce qui ne facilitait clairement pas l'excitation des astronautes. Le rapport concluait que "l'efficacité du système a été confirmée à travers douze expériences", et que l'utilisation d'un ruban élastique pour maintenir les couples en place était la meilleure méthode."S'intéresser au sexe dans l'espace n'est tout simplement pas une priorité - il y a déjà trop à faire en ce qui concerne la santé et la vie dans l'espace."
Cette étude a tourné sur Internet pendant quelques années, ce qui a poussé la NASA à y répondre dix ans plus tard quand l'astronome français Pierre Kohler l'a citée dans son livre La Dernière Mission. Évidemment, tout cela était parfaitement faux, affirmait la NASA, puisque STS-75 n'avait été lancée qu'en 1996, sept ans après la rédaction du document. C'est sans doute mieux ainsi, puisque les actes décrits dans le document semblent nettement plus gênants et désagréables qu'excitants.
Quoi qu'il en soit, le problème a été pris à bras le corps par feu la romancière Vanna Bonta, qui a développé la combinaison 2suit précisément dans le but d'aider les astronautes à réaliser les fameuses insertions orbitales. Quand deux personnes vêtues de la 2suit s'unissent en

microgravité, la combinaison leur permet de créer une sorte de grand sac de couchage, ce qui résout le problème de l'éloignement involontaire et leur permet de se concentrer sur leur kamasutra cosmique.

Malheureusement pour ceux qui comptent sur l'espace pour pimenter leur vie sexuelle, il y a peu de chances que les recherches sur le sexe spatial bénéficient de financements dans un futur proche, du moins à la NASA. "Ce n'est tout simplement pas une priorité - il y a déjà trop à faire en ce qui concerne la santé et la vie dans l'espace, constate Wolpe. Une agence privée pourrait éventuellement financer ce type de recherches, mais c'est tout."

Des compagnies privées ont déjà été sollicitées pour tourner des films porno dans l'espace, parmi lesquelles Virgin Galactic, qui a refusé une offre de 1 million de dollars émanant d'une source anonyme pour réaliser un film pour adultes en orbite (ce qui est assez ironique, convenons-en).

Dans l'espace, personne ne vous entendra crier

Même si, apparemment, ce qui se passe dans l'espace reste dans l'espace, cela ne signifie aucunement que l'ISS n'est peuplée que de gens très prudes. Un cosmonaute russe interviewé par l'écrivaine Mary Roach lui a livré la saillie suivante : "Un ami m'a demandé, 'Mais comment tu fais pour le sexe dans l'espace ?' J'ai répondu : 'À la main !'". Dans un AMA sur Reddit, l'astronaute Ron Garan avait rassuré ceux qui craignaient que les astronautes n'aient jamais la possibilité de se masturber à bord de la station spatiale. Malgré le manque d'espace personnel, l'ISS est tout de même assez grande pour que chacun y ait des "moments d'intimité", avait-il expliqué.

Je lui ai demandé de clarifier ce qu'il voulait dire : "Je ne peux parler qu'en mon nom, mais nous sommes des professionnels, m'a-t-il expliqué. L'intimité est tout à fait possible, mais les missions sont tellement remplies et intenses qu'il est normal de se concentrer sur la mission."Si l'on en croit Garan, la masturbation à 400 kilomètres d'altitude ne pose pas de problèmes particuliers - et c'est tant mieux. De nombreuses études ont montré que la masturbation était bonne pour la santé mentale, mais elle a aussi des effets positifs sur le plan physique.

Marjorie Jenkins, une conseillère de la NASA qui dirige le pôle scientifique de l'Institute for Women's Health, souligne que la raréfaction des éjaculations augmente les risques de prostatite, c'est-à-dire d'inflammation et d'infection de la prostate (elle a publié ses résultats dans un article scientifique consacré à la reproduction dans l'espace l'année dernière).

Quand un homme éjacule, environ un tiers de son sperme est secrété par la prostate. Ce liquide prostatique est essentiel à la survie et à la vitalité du sperme. Si un homme n'éjacule pas assez souvent, il y a un risque que les bactéries s'accumulent dans la prostate, ce qui peut engendrer une infection particulièrement douloureuse. Si une infection urinaire peut paraître assez bénigne comparée aux risques encourus dans l'espace, elle fait toutefois partie des variables à prendre en compte au moment de planifier un séjour prolongé dans l'espace.

Le plus gros problème de ce type, historiquement, a frappé le cosmonaute soviétique Vladimir Vassioutine en 1985. Alors qu'il était à bord de la station spatiale Salyut-7, Vassioutine, alors âgé de 35 ans, avait contracté une prostatite sévère, ce qui lui avait valu de fortes fièvres, des nausées et des douleurs aigües lors de l'urination, le forçant finalement à rentrer sur Terre de façon prématurée au bout de 65 jours - alors que sa mission devait durer six mois. Entre 1981 et 1998, 23 astronautes ont déclaré avoir été victimes de problèmes urinaires, selon la NASA. Ce chiffre est relativement faible par rapport aux 508 astronautes qui ont quitté la Terre au cours de la même période, mais c'est un problème qui aurait pu être évité si lesdits astronautes avaient eu un peu plus d'"intimité".

Dynamiques sociales

Au-delà des désagréments potentiels liés au sexe dans l'espace (et des risques de grossesse), il y a une autre raison qui rend la masturbation préférable aux rapports sexuels entre astronautes : le simple fait que la sexualité humaine soit extraordinairement complexe. C'est un phénomène aussi bien physiologique que psychologique, un impératif biologique autant qu'une construction sociale. Même s'il existe de nombreuses études consacrées aux divers aspects des interactions entre les genres, elles ne s'intéressent pas vraiment aux rapports intimes. Autrement dit, adopter un comportement ouvertement sexuel dans l'espace constitue un risque, ce n'est pas forcément bienvenu dans un contexte où les risques sont déjà nombreux.

Les questions liées au genre ont été beaucoup étudiées. Le sexe, c'est une autre histoire, déplore Wolpe. Les problèmes éthiques [liés au sexe dans l'espace] ne concernent pas tant l'acte en lui-même que ses conséquences. Il y a de nombreuses questions à se poser pour savoir ce que cela signifierait que deux membres d'un équipage couchent ensemble, et ce que

serait dès lors leur relation, entre eux et par rapport aux autres membres. Quel impact psychologique cela aurait-il ?""Même si [les astronautes] vivent ensemble en orbite pendant plusieurs mois, leur relation n'est pas une relation d'amitié ou de colocation"
Si l'on veut pouvoir intégrer la question des rapports sexuels dans la préparation des futures missions spatiales, il est crucial de comprendre comment le sexe influence les dynamiques sociales au sein de petits groupes d'individus isolés. Quand des équipages réduits sont contraints à passer des mois ou des années dans un espace confiné, il peut s'avérer difficile de trouver des moyens de tolérer la présence d'autrui et de coopérer. La présence d'un couple au sein du groupe peut compliquer encore davantage les choses.
Comme le souligne Wolpe, les astronautes et leurs superviseurs sont déterminés à maintenir des relations strictement professionnelles. Tout le monde a vu ce qu'il pouvait se passer dans le cas contraire en 2007, quand l'astronaute Lisa Nowak fut arrêtée pour avoir tenté de kidnapper une capitaine de l'US Air Force, Colleen Shipman. Nowak était tombée amoureuse d'un autre astronaute, Bill Oefelein, et considérait Shipman comme sa rivale
Même si [les astronautes] vivent ensemble en orbite pendant plusieurs mois, leur relation n'est pas une relation d'amitié ou de colocation, mais celle qui unit des professionnels surentraînés qui ont une mission à accomplir", affirme Wolpe.Si des astronautes couchaient ensemble en orbite (pour la science, évidemment), les relations entre ces astronautes et leurs collègues devraient être suivies de près et contrôlées, selon lui. "Tout le monde ne va pas se mettre à coucher avec tout

le monde au sein de l'équipage. Les relations devraient être bien définies depuis le départ, surtout si cela se fait dans un but scientifique."
Néanmoins, la pression liée au contexte n'interdit pas nécessairement toute forme d'activité sexuelle ; à vrai dire, c'est peut-être même l'inverse. Peu de chercheurs se sont penchés sur les liens entre stress et excitation sexuelle, mais quelques études indiquent que si un excès de stress peut entraver l'excitation, un niveau de stress modéré peut au contraire accélérer les choses.
Des tests informels réalisés sur Terre semblent confirmer ces résultats : entre 1989 et 2006, des chercheurs australiens ont dénombré sept grossesses survenues dans des stations de recherche en Antarctique, des environnements souvent jugés comparables à l'espace en raison de leur isolation et du stress qu'ils génèrent. Ce chiffre assez élevé prouve que l'environnement ne décourage pas les habitants. La NASA en est bien consciente.
Bien que l'agence n'ait pas de politique établie en matière de sexe dans l'espace, et se contente de se référer à un code de bonne conduite assez ambigu pour ce genre de choses, il faudra certainement bientôt se pencher sur la question et en tenir compte en vue des futures missions.Des études ont montré que la présence de membres des deux sexes lors des missions était plutôt positive, surtout quand cela inclut des couples mariés. Bien que la grande majorité des astronautes soient mariés et que certains se soient mariés entre eux, seule une mission a vu un couple marié partir ensemble dans l'espace jusqu'ici. Et ce n'était pas vraiment fait exprès.
Jan Davis et Mark Lee se marièrent en secret quelques

mois avant leur mission en 1992, ce qui allait à l'encontre des règles édictées par la NASA. Davis et Lee furent toutefois autorisés à partir ensemble, tout simplement parce qu'au moment où le "problème" fut découvert, il était déjà trop tard pour former des remplaçants aptes à prendre part à la mission. Même si la règle interdisant à des couples mariés de partir ensemble est toujours en vigueur à la NASA, Garan pense qu'à mesure que l'agence s'aventure plus loin dans le système solaire, il sera bientôt temps de l'abroger.
"Statistiquement, il y a pas mal d'astronautes qui sont mariés, et je pense qu'il serait bon que ces couples puissent prendre part à des missions de longue durée", dit-il.
Garan, qui lui-même est marié, assure qu'il serait heureux de partir en mission avec son épouse, ne serait-ce que pour passer du temps ensemble dans la Cupola, la coupole d'observation panoramique de l'ISS qui offre la plus belle vue depuis l'espace.
"On ne se lasse jamais de voir la Terre depuis cette immense fenêtre. Une fois par semaine, on a droit à une vidéoconférence avec notre famille, et en général j'amenais mon ordinateur portable dans la Cupola pour leur faire profiter de la vue. C'est l'une des vues les plus romantiques qui soient."
"Statistiquement, il y a pas mal d'astronautes qui sont mariés, et je pense qu'il serait bon que ces couples puissent prendre part à des missions de longue durée."
La recherche actuelle indique que la présence de couples mariés lors de missions de longues durées dans des environnements similaires à l'espace tend a apaiser la compétition sexuelle et à encourager un sentiment de

familiarité entre les membres de l'équipage, ce qui est bienvenu dans des situations stressantes. Mais les couples mariés ont aussi leurs problèmes, et cela pourrait avoir des conséquences indésirables.
Quand nous quittons la Terre pour plusieurs mois, la question se pose de savoir si l'on veut embarquer son époux ou son épouse avec soi, estime Garan. D'autres problèmes se posent : toutes les relations ne durent pas éternellement. Imaginez qu'un couple se sépare au beau milieu d'une mission vers Mars prévue pour durer 3 ans."
Et d'ailleurs, que Davis et Lee aient consommé leur mariage au cours de leur lune de miel dans l'espace ou non, le fait est que celui-ci n'a pas duré bien longtemps sur Terre : ils ont divorcé en 1998.
Pour ceux qui s'intéressent au futur des voyages spatiaux - et peut-être donc au futur de la race humaine - les dangers potentiels liés au sexe ne sont pas une raison suffisante pour prôner l'abstinence ; ils doivent plutôt nous inciter à nous poser les bonnes questions.
"Le sexe fait partie de la vie humaine et doit être pris en compte, affirme Garan. Nous devons regarder la vie sur notre planète différemment. Elle est très complexe. Il faut prendre du recul et réaliser que notre sphère d'influence est plus large qu'on ne le pense. On en est à peine à effleurer la surface de nos possibilités. Elles sont immenses."
5

On rentre dans la ville, il y a beaucoup de magasins, on flâne un peu, on arrive devant un salon de coiffure, Hans m'attire à lui et me demande: "Chérie, tu veux aller te faire faire une coupe?" Je suis surprise, je ne m'attendais pas à cela de sa part, mais en même temps ça me fait envie: "J'ai réservé hier, tu es attendue" Je saute dans ses bras: "Merci chéri, c'est très gentil mon amour!" On rentre dans le salon, Hans se présente, une coiffeuse me prend en main, Hans me laisse: "Je reviens dans une heure" J'avais depuis longtemps envie d'avoir de longs cheveux bouclés comme une gitane. J'explique à la coiffeuse, elle se met au boulot, je vois ma transformation au fur et à mesure dans le miroir en face de moi. Quand elle a fini, je me regarde, quel changement!!! Mes cheveux noirs tout bouclés tombent en cascade sur mes épaules, je suis heureuse, je me trouve belle, je me sens une vraie femme. Hans arrive peu après, il me prend dans ses bras: "Tu es magnifique ma belle, ça te plaît?" "Super, merci encore" On quitte le salon, mon cœur bat vite, je me regarde dans toutes les vitrines, je me trouve très très belle. On continue notre promenade, il n'y a pas assez de vitrines pour refléter mon bonheur. Hans me tient par la taille, je me serre contre lui.Il est si gentil avec moi. On arrive devant un magasin sans vitrine avec une porte d'entrée pleine, on ne voit pas l'intérieur du magasin, Hans ouvre la porte, on entre, il y a une sorte de sas avec une tenture rouge, le magasin est faiblement éclairé.On avance u peu et je m'aperçois que l'on est dans un sex shop, je suis surprise et intimidée, Hans me tient par la main et me fait avancer. il y a cinq ou six hommes affairés devant les divers bacs, ils sont un peu surpris de voir arriver une jeune femme habillée comme une pute, les seins à l'air et une mini jupe à ras la touffe, tout le monde me regarde, Hans me rassure: "Ne crains rien, ils ne te veulent pas de mal, bien au contraire" Je suis un peu rassurée, je me promène dans les allées, il y a des tas de trucs qui me fascinent. Hans me mène vers les godes et me demande d'en choisir autant que je le veux: "Toi qui rêves d'avoir une bite dans le cul toute la journée, choisis ce qui te fait envie" Il me tend un plug anal: "Tu te mets ça le matin, tu peux le garder toute la journée, il ne bouge pas, même assise" J'en choisis un un peu long et un peu large, on doit bien le sentir. Hans m'encourage à en prendre d'autres, je choisis un gode de bonne taille, on dirait une vraie bite, avec des veines apparentes, il doit bien remplir ma chatte. Hans passe une main sous ma jupe et caresse mes fesses, je le sens soulever ma jupette pour montrer mon cul aux mateurs derrière nous, je mouille, ma petite chatte est trempée pleine de moiteur amoureuse, je sens mes lèvres se gonfler, j'adore montrer mon corps à des inconnus. J'écarte un peu les jambes, Hans passe un doigt dans ma chatte et remonte dans ma raie jusque à mon trou du cul, je tortille mon popotin pour exciter tous ces mâles. Hans me laisse et va chercher deux films x. Je me retrouve seule, je continue de regarder toutes ces belles choses, je prends des boules de geisha de bonne taille, Hans revient et prend un autre chapelet d'amour: "Tu pourras remplir l'avant et l'arrière mon amour" Il se remet à ma gauche et reprend ses caresses,un mateur vient à côté de moi,Hans l'encourage à me peloter les fesses,je me laisse faire un bon moment,j'aime ça .Hans vient à mon oreille: "Si je lui propose de se faire sucer au parking, tu es d'accord?" "Oui, il a l'air mignon" Hans va lui parler, il prend encore quelques objets dans les bacs,il va payer, puis on part au grand regret des mecs restés là. Dans la rue, on marche Hans et moi devant lui, je tords exagèrément mon petit cul pour exciter notre suiveur, Hans soulève ma jupe, je suis en nage,j'ai envie d'une bonne queue... On arrive au parking,on va vers la voiture,je m'accroupis et saisit la queue de notre inconnu,elle est de taille moyenne, mais bien dure,bien droite. Je la prends en bouche,elle a bon goût, je l'avale en entier sans souci, je le pompe doucement de haut en bas, je reste un instant sans bouger avant de remonter lentement sur sa tige, je soupèse et caresse ses couilles, il apprécie en caressant ma chevelure toute neuve. Hans est excité de me voir sucer un inconnu,il sort sa longue queue et se caresse doucement, il approche son énorme gland de ma bouche, espérant peut être que j'allais sucer ces deux bites en mêmen temps, mais je n'ai pas la bouche assez grande pour les absorber ensemble, je continue de pomper mon mateur, Hans le met au courant: "Si tu veux jouir dans sa bouche,elle avale tout cette salope!!" Cette révélation le rend fou, il plaque ma tête contre son ventre, je reçois une sacrée giclée au fond de ma gorge, son sperme est chaud et gluant, je me régale de ce doux nectar, je le garde un moment dans la bouche afin de le nettoyer, je lui rends une fois le gland bien net. Hans le remplace, je le suce un peu, mais j'ai surtout envie de sentir ce beau morceau en moi, je me relève et me colle à Hans: "Chéri, j'ai envie que tu me baises, prends moi la chatte" Je m'appuie contre la portière de la voiture, je fléchis un peu les genoux pour mieux ouvrir ma vulve en feu, Hans passe sa queue entre mes cuisses et remonte jusque à ma chatte, il enfonce son dard dans ma fournaise, je le sens bien, il me baise de plus en plus vite sous le regard de notre mateur, ça m'excite de me savoir observée, je me serre contre Hans pour m'enivrer de l'odeur de son large poitrail velu, ça me donne encore plus envie de sa queue: Hans, s'il te plaît, encule moi, défonce mon petit trou,donne moi du plaisir mon amour!!" Je me retourne et prends appui sur la portière, offrant ainsi mes fesses au gros morceau de Hans,il ne tarde pas,son gland va de suite aux choses essentielles,il s'enfonce dans mon cul, ça fait un peu mal avant de me donner beaucoup de bien. Son sexe vient au fond de mon cul,c'est si bon de se faire enculer, je sens monter le plaisir,je respire vite,mes seins pointent, je suis trempée, j'ai l'impression que ma chatte est en train de fondre. Je me tourne vers notre mateur,je prends sa bite en main, il ne bande toujours pas,je me penche et commence à le sucer pendant que Hans éclate mon petit cul de salope,il me lime un long moment avant de m'inonder de son sperme,il se calme et reste immobile au fond de mon anus dilaté par ce gros membre. On reste un moment ainsi,notre mateur ne bande toujours pas, j'abandonne, il s'en va en nous remerciant. Hans ramollit un peu et se retire de mon anus,il essuie son gland dans ma raie. On se rhabille et on remonte dans la voiture. Hans semble heureux, sa petite salope l'a bien fait jouir,je me plaque contre lui: "Ca va mon chéri?" "Parfait et toi?" "J'ai hâte d'essayer tes beaux cadeaux" "On rentre alors?" "D'accord" On se réveille le lendemain matin vers huit heures, Hans se lève pour préparer le petit dèj', il me l'amène au lit. Il m'embrasse en me caressant le ventre en jouant avec les poils de ma chatte, je me tourne vers lui et je prends sa queue dans la main, je le branle doucement, je commence à mouiller, sa bite grandit vite, je me penche vers lui et commence à le sucer, son sexe grandit et durcit, je caresse ses couilles et les malaxe, Hans est ravi de la bouche de sa petite pute: "C'est bon ma chérie,continue ma belle pipeuse, suce moi bien!" Sa queue est devenue bien raide, je cesse de le pomper pour m'empaler sur lui, je coulisse sur son pieu, je

l'embrasse dans le cou: "Je la sens bien,elle est bonne ta grosse queue,.j'ai envie que tu me prennes le trou du cul, encule moi chéri!!" Je continue un moment mes allers et retours verticaux sur sa tige bien dure avant de me tourner et de me mettre à quatre pattes: "Vas y, prends moi, défonce le cul de ta pute, éclate moi le fion!!" Hans vient derrière moi et enfonce son engin sans aucune précaution, je le sens se planter dans mon anus, il reste sans bouger, mon cul est dilaté par la grosseur de son dard. "Baise moi chéri, déchire moi le cul!!"
Il commence les va et cient dans mon anus, ces couilles claquent contre mes cuisses, je remue mes fesses pour mieux l'exciter davantage. Il jouit presque aussitôt entre mes fesses et s'allonge sur moi: "C'est bon ma chérie, tu es si bonne!!" On reste un moment sans rien dire, puis Hans se retire. je viens vers lui: "Dis donc, tu as joui vite!!" "J'étais trop excité, cette nuit, quand je me réveillais, je bandais comme un âne, je te regardais dormir,je n'osais pas te réveiller" "Tu es quand même venu me tripoter ou j'ai rêvé?" "Je suis venu derrière toi et j'ai caressé tes fesses, tu n'as pas réagi, je t'ai laissé dormir" "Tu aurais dû venir sur moi, j'aime bien me faire prendre en pleine nuit"

L'amour se faire, les fesses bien tendues en direction d'un pénis bien rigide. L'amour se faire entre femmes, entre hommes, entre femmes et hommes, l'amour se blaisse comme on ne pourrait le continuer, jamais.

Printed by Books on Demand GmbH, Norderstedt / Germany